本书得到黑龙江省哲学社会科学学科体系创新支持计划资金资助
本书得到黑龙江省基层社会治理创新研究院资金资助

中国当代居民绿色生活方式的构建

张斐男 著

中国社会科学出版社

图书在版编目（CIP）数据

中国当代居民绿色生活方式的构建 / 张斐男著 . —北京：中国社会科学出版社，2021.9

ISBN 978-7-5203-8880-1

Ⅰ.①中… Ⅱ.①张… Ⅲ.①居民—生活方式—研究—中国 Ⅳ.①D669.3

中国版本图书馆 CIP 数据核字(2021)第 168856 号

出 版 人	赵剑英
责任编辑	王莎莎
责任校对	张爱华
责任印制	张雪娇

出　　版	中国社会科学出版社
社　　址	北京鼓楼西大街甲 158 号
邮　　编	100720
网　　址	http：//www.csspw.cn
发 行 部	010-84083685
门 市 部	010-84029450
经　　销	新华书店及其他书店
印　　刷	北京明恒达印务有限公司
装　　订	廊坊市广阳区广增装订厂
版　　次	2021 年 9 月第 1 版
印　　次	2021 年 9 月第 1 次印刷
开　　本	710×1000　1/16
印　　张	12
插　　页	2
字　　数	166 千字
定　　价	78.00 元

凡购买中国社会科学出版社图书，如有质量问题请与本社营销中心联系调换
电话：010-84083683
版权所有　侵权必究

序

随着环境问题研究的不断深入，人们日益认识到居民生活方式具有重要的环境影响。早在20世纪90年代，笔者就曾在相关研究中指出，居民生活污水排放和生活垃圾等已经成为中国环境问题的重要内容，环境治理不仅要聚焦生产领域，也要关注生活领域，倡导适度消费，推进生活方式的转型。

如果说生产方式主要是指人们基于一定的技术手段和组织形式从自然界中获取各种生活资源，那么生活方式则是人们支配资源展开日常生活的形式。社会地位不同，占有资源不同，自然会影响人们的生活方式。但是，生活方式也受文化价值观和社会制度的影响，表现出多样化的特征。整体而言，生产方式决定了生活方式，即使唐宗宋祖之类的人物，也无法像现代人那样乘坐飞机旅行。但是，生活方式表现出相对独立性，并对生产方式有着反作用。尤其在市场经济条件下，有什么样的需求就有什么样的供给，倡导保护野生动物者提出的"没有买卖就没有杀戮"口号，反映的就是这个道理。

关注生产领域的环境破坏，并将生产领域的治理作为环境治理的重点，有其合理性。一方面，随着生产技术的不断进步，现代生产对于环境干预的广度、深度和强度都是史无前例的，一些重大的环境破坏事件都是与特定的生产相关的，由于生产所造成的环境破坏更为直接、直观；另一方面，由于生产领域的环境破坏主体和过程比较容易识别，针对生产领域的环境治理也是比较容易聚焦并取得成效的。但是，只关注生产端的治理，忽视对于社会需求的引导、管理，让现代社会中流行的生活方式一切照旧，最终只会造成高效率的资源消耗和持续的环境破坏，因为社会中所蕴含的占有、消耗资源的动力总是在持续增长。

我国在环境保护工作中一直很重视通过宣传教育增强公众的环境意识，也比较早地在党和政府文件中提到建设生态文明，形成节约能源资源和保护生态环境消费模式，把建设资源节约型、环境友好型社会落实到每个单位、每个家庭。但是，"生活方式"一词正式进入高级政策议程似乎是从党的十八大开始的。党的十八大报告强调要大力推进生态文明建设，形成节约资源和保护环境的空间格局、产业结构、生产方式、生活方式，从源头扭转生态环境恶化趋势。这里，"生活方式"被单独点出来了。党的十九大报告重申实行最严格的生态环境保护制度，指出要推进资源全面节约和循环利用，实施国家节水行动，降低能耗、物耗，实现生产系统和生活系统循环链接。倡导简约适度、绿色低碳的生活方式，反对奢侈浪费和不合理消费，开展创建节约型机关、绿色家庭、绿色学校、绿色社区和绿色出行等行动，形成绿色发展方式和生活方式，坚定走生产发展、生活富裕、生态良好的文明发展道路。中共中央关于制定《国民经济和社会发展第十四个五年规划和二〇三五年远景目标》的建议再次明确指出要"开展绿色生活创建活动"。

在工作层面，2015年实施的《中华人民共和国环境保护法》规定了公民应当增强环境保护意识，采取低碳、节俭的生活方式，自觉履行环境保护义务。同年，环保部将该年度环境日主题确定为"践行绿色生活"，印发了《关于加快推动生活方式绿色化的实施意见》，可以说是政策实践的重要标志。与此同时，国家发改委、中宣部、科技部等十部委也出台了《关于促进绿色消费的指导意见》，旨在发挥绿色消费的引领作用。"十三五"期间，环保部把推动形成绿色生产生活方式、加快改善生态环境作为事关全面小康、事关发展全局的重

序

大目标任务，进行了部署，体现了新时代的新思路，推动着我国生态文明建设走向深入。但是，从实践情况看，生活方式具有极大的惯性，牵涉面巨大，治理聚焦不容易，培育过程复杂，而且培育绿色生活方式的具体有效制度建设还有限，特别是在制度执行层面，尚有许多失灵或者不尽如人意之处，很多人并没有充分意识到调整生活方式对于环境保护的重要性，没有形成绿化生活方式的自觉意愿。因此，我们迫切需要结合中国实际，更加深入细致地开展研究，完善政策设计，推动绿色生活创建。

事实上，人们的生活方式复杂多样，影响生活方式的因素也很复杂。如前所述，必要的物质基础是生活的前提，物质基础的变化影响着生活方式的变化。在生活资源非常紧张的情况下，生活方式也是非常简单的，而且不太具有选择性和可替代性。随着物质生产的不断发展，当人们得以免于贫困时，生活方式就具有了可选择性和塑造性。当然，这么说并不意味着生活方式完全是由物质基础决定的，个人的价值观、社会文化、制度安排，乃至生活基础设施状况等，都影响着居民生活方式的选择。就绿色生活方式而言，首要的是人们要有对环境状况的关心，对生活方式之环境影响的了解；其次要有可供学习、选择的绿色生活方式以及践行这种生活方式的意愿，通常表现为环境友好的行为空间和倾向；最后是实际发生的惯例化的各种环境友好行为。从社会学的角度看，个人行为是社会环境的产物，制度规范和引导，群体性压力等对于绿色生活方式的培育相当重要。值得强调的是，日常生活基础设施的绿色化，特别是其嵌入人们日常生活的深度和便捷程度，对于绿色生活方式的培育非常重要。比如说，你不能指望在一个没有或者不方便利用自行车道的城市鼓励人们骑车出行。从更为深层的角度看，绿色生活方式的实际环保效果，也是一个重要影响因素。如果人们的绿色生活因为其他的因素阻隔，并不能带来预期的环境改善，将会影响到绿色生活方式的可持续性。比如说，当垃圾分类的最终运输、处理并没有分类时，居民自觉的垃圾分类行为将会受到打击。

张斐男的著作聚焦绿色生活方式的培育，在研究主题选择上具有重要意义，也体现了环境社会学与中国环境治理的前沿思考。作者在一般性分析中国现代化过程中居民生活方式变迁及其环境影响的基础上，侧重将绿色生活方式操作化为居民环境关心、环境知识和环境行为，借助权威调查数据，以此切入分析居民生活方式绿色转型的状况及其影响因素，这种探索是有意义的。当然，此种操作化也不可避免地具有局限性，分析过程也还有不够精细之处，需要在持续研究中不断完善。作者在书中还试图采用类型学的方法对居民生活方式的理想类型进行概括，在考虑社会变迁和环境保护两个维度中区分出田园生活、竞生生活、物欲生活和绿色生活四种理想类型，并逐一讨论了各自的主要特征，尝试提出了绿色生活构建的若干思考和政策建议，这是富有启发性的。当然，这种简单的类型化还可以更为精细地考量，相关分析也还可以更加深入、更有针对性。大体而言，作者在绿色生活方式研究领域做出了一定的努力，取得了阶段性成果，丰富和推动了相关研究，虽然全书在概念和逻辑方面还有不少值得推敲和改进的空间。我相信，只要作者坚持不懈地认真对待，广大读者和学界同仁的批评建议将会推动作者的相关研究取得新进展。

最后，我想说的是，居民生活方式的绿色转型不仅直接有益于环境保护和生态文明建设，实际上也是公众自觉参与环境治理的重要体现，对于完善环境治理体系、实现环境共治具有重要意义。党的十九大报告指出，要构建政府为主导、企业为主体、社会组织和公众共同参与的环境治理体系，这当中公众参与是一项短板。如果我们在政策引导和公众自觉的基础上深入推进生活方式的绿色转型，就在很大程度上补上了公众参与的一块短板。事实上，脱贫攻坚任务圆满完成，全面建成小康社会，也提供了选择和构建多样化生活方式的重要基础。进一步看，生活方式的绿色转型，意味着适度的物质消耗、更加健康的生活内容、更有尊严的个人选择、更可持续的社会生活，其意义也还不止于促进环境共治、创建美丽中国，这种转型也是促进人的全面发展和社会和谐的客观需要。毕竟，过度物化极化的生活方式，是恶化社会生态、滋生社会焦虑与冲突的一个根源，是阻碍人的潜力发挥和全面发展的重要因素，是妨碍社会肌体健康和活力的毒素之一。从更为宏观的层面看，自主选择和创造绿色生活，推动绿色发展，还体现了发展自主性反思性的增强，标志着我们从模仿复制、习以为常的生活方式和发展路径中走出来，拥有更加充分的实践自觉，自主探索着另类的文明发展道路。站在全面建成小康社会的新起点上，我们进入了生活空间不断扩大、选择性不断增加的新时代，我们不能再一味地追求占有更多，而是要深入思考如何过得更好，如何做出更有利于个人与社会未来的生活选择。因此，我很期待有更多的社会学者关注和研究生活方式绿色转型议题，也期望本书作者持之以恒、不懈努力。

谨以此序。

洪大用

中国人民大学社会学理论与方法研究中心

2021 年 3 月 19 日

目 录

第一章 生活方式与环境衰退 …………………………………… (1)
 第一节 导致环境衰退的是生活方式还是生产方式？ ……… (1)
  一 生产方式与环境衰退 ………………………………… (1)
  二 生活方式与环境衰退 ………………………………… (4)
 第二节 核心概念 ……………………………………………… (7)
  一 生活方式 ……………………………………………… (7)
  二 绿色生活方式 ………………………………………… (10)
 第三节 研究方法 ……………………………………………… (15)
 第四节 本书结构 ……………………………………………… (16)
 第五节 研究意义与创新 ……………………………………… (18)

第二章 绿色生活方式研究回顾 ……………………………… (20)
 第一节 绿色生活方式研究评述 ……………………………… (20)
  一 国外绿色生活方式相关研究 ………………………… (20)
  二 国内绿色生活方式相关研究 ………………………… (28)
  三 绿色生活方式的形塑机制还有待重新构建 ………… (32)
 第二节 环境关心、环境知识、环境行为的相关研究 …… (33)
  一 国外相关研究 ………………………………………… (33)
  二 国内相关研究 ………………………………………… (39)
  三 环境行为等因素在生活方式领域的研究
    还有待拓展 …………………………………………… (42)

第三章　中国当代居民生活方式变迁及其对生态环境的影响……（45）
第一节　当代中国居民生活方式变迁的社会背景…………（46）
　　一　工业化对生活方式的影响…………………………（48）
　　二　城市化对生活方式的影响…………………………（50）
　　三　价值观对生活方式的影响…………………………（52）
第二节　当代中国居民生活方式的变迁…………………（53）
　　一　消费扩大与生活质量的提升………………………（58）
　　二　交通、网络与社会交往的深入……………………（62）
　　三　文化教育与精神生活的发展………………………（65）
第三节　当代居民的生活方式对环境的辩证影响………（68）
　　一　当代居民生活方式与环境保护相悖离……………（68）
　　二　当代居民生活方式与环境保护相呼应……………（70）

第四章　生活方式的绿色转向及其影响因素………………（73）
第一节　研究假设…………………………………………（73）
　　一　现代性的争论………………………………………（73）
　　二　研究设计……………………………………………（76）
第二节　数据及变量说明…………………………………（78）
　　一　数据…………………………………………………（78）
　　二　因变量………………………………………………（79）
　　三　自变量………………………………………………（82）
第三节　当代中国居民绿色生活方式的基本状况………（86）
　　一　当代中国居民生活方式的绿色转向………………（86）
　　二　绿色生活方式中环境关心的基本特征……………（88）
　　三　绿色生活方式中环境知识的基本特征……………（90）
　　四　绿色生活方式中环境行为的基本特征……………（92）
第四节　模型、结果与分析………………………………（93）
　　一　研究策略与统计模型………………………………（93）

二　对假设的检验 …………………………………………（93）
　　三　小结 ……………………………………………………（99）

第五章　生活方式的理想类型 ……………………………………（104）
　第一节　生活方式的理想类型划分 ………………………………（104）
　　一　生活方式中的传统与现代维度 ………………………（104）
　　二　生活方式的四种类型 …………………………………（105）
　第二节　绿色生活方式的形塑机制 ………………………………（111）
　　一　"价值供给"及其局限性 ………………………………（111）
　　二　"制度供给"及其局限性 ………………………………（114）
　　三　价值供给与制度供给的结合 …………………………（116）
　第三节　价值供给与制度供给在生活方式中的体现 ……………（119）
　第四节　小结 ………………………………………………………（123）

第六章　绿色生活方式的构建 ……………………………………（124）
　第一节　研究结论 …………………………………………………（124）
　第二节　关于建构绿色生活方式的对策建议 ……………………（129）
　　一　从制度供给的角度，多层次培育绿色生活
　　　　习惯 ………………………………………………………（129）
　　二　从价值供给的角度，合理利用新媒体平台，
　　　　构建绿色环保氛围 ………………………………………（132）
　第三节　绿色发展与绿色生活方式 ………………………………（134）
　　一　绿色发展需要与之匹配的绿色生活方式 ……………（134）
　　二　碳中和与绿色生活方式 ………………………………（137）
　第四节　关于进一步研究的讨论 …………………………………（138）
　　一　对舒适、清洁与方便的探讨 …………………………（138）
　　二　对绿色生活方式的展望 ………………………………（142）
　　三　研究不足及改进方向 …………………………………（144）

参考文献 …………………………………………………………（146）

后记 ………………………………………………………………（178）

第一章 生活方式与环境衰退

第一节 导致环境衰退的是生活方式还是生产方式？

本书的核心问题是探讨何为绿色生活方式？绿色生活方式的理论意涵和基本内容应该包括哪些？在绿色生活方式下，居民应当具备怎样的环境行为？鉴于"生产领域的污染受到极大重视，而生活领域的污染却被忽视"这一事实，从生活领域探讨环境衰退背景下生活方式的转变以及生活方式转变对环境衰退的回应，成为一个有意义的研究议题。在现代化的背景下，不同历史时期、不同层次的群体都具有不同的生活方式，建构绿色生活方式，并使之成为居民日常生活常态，首先，需要识别并构建出一种具有环境保护倾向的生活方式，这正是本书的首要目标。其次，我们还要深入探讨绿色生活方式的内部构成要素有哪些，以及那些影响居民环境行为的主要因素。最后，我们再尝试从社会学的视角探讨如何构建这种绿色生活方式。

一 生产方式与环境衰退

从18世纪60年代即第一次工业革命以来，以蒸汽机的诞生为标志，生产力迅猛发展，大大加强了世界各国的联系，确定了资本主义的生存方式，由于生产方式的改变，生活方式也发生了改变；第二次工业革命以电器的广泛使用为标志，"内燃机"的发明进一步解决了生产领域的动力问题，从而推动了发动机的出现，推动了汽车、远洋轮船、飞机的迅速发展，扩大了人类的活动范围，同时加深了各个国家和各个地区间贸易和文化的交流，生活方式也逐渐适应了这种改变；第三次工业革命是人类文明史上的重大飞跃，以原子能、电子计算机、空间技术和生物工程的发明和应用为主要标志，彻底改变了人们的生产方式和生活方式，尤其是生产领域的信息技术革命和生活领域的消费变革，在社会学领域相应出现了网络社会学和消费社会学等相关的概念和研究领域。

应该看到，生产力的不断地、加速地发展，科学技术的日新月异，在生产领域获得了丰硕成果的同时，由于更多的矿产、石油、天然气等自然资源被广泛应用于工业，排放出大量的二氧化碳、二氧化硫等废气；化肥、农药、塑料薄膜等化学产品在增加了农产品产量的同时也增大了人类患病的风险。可以说伴随着工业化和现代化发展的是人类生存环境的恶化。从20世纪早期的马斯河谷烟雾事件到2013年前后的中国多个大中城市爆发雾霾，从日本的水俣病到洛杉矶的光化学污染，每一次重大的环境污染事件都与化工企业、炼油厂等工业泄漏或排污密切相关，每一次重大的环境污染事件当中都能看到人类在为提高生产效率而破坏自然环境时所遭受的自然的报复。因此，在很多人看来，环境污染与生态恶化一直与工业化、城市化进程息息相关。每每发生环境污染、生态破坏事件，人们习惯性地以被害者的视角去从生产领域寻找污染的根源。

和所有的工业化国家一样，中国的环境污染问题是与工业化发展相伴而生的。20世纪50年代，中国工业化刚刚起步，工业基础薄弱，环境问题尚不突出。基于当时国内和国际的实际情况，为尽快改变我国工业落后的状况，国家制定了优先发展重工业的政策。西方资本主义国家的工业化都是从发展轻工业开始的，并且经历了近一个世纪的时间才实现了工业化。而中国要在数十年间紧追猛赶西方国家的工业化进程，必然会忽略工业化对于环境的破坏问题。甚至在某种程度上，人们由于更看重经济发展而主动放弃了环境保护与治理。因此，从改革开放以来，工业化、城市化进程逐步加快，中国的环境污染、生态恶化的问题全面显露出来。尤其在进入21世纪后，中国环境污染事件频繁发生，不仅造成了直接的经济损失，而且危害了当代居民的健康甚至生存。从近年著名的环境污染事件即可见一斑。2005年吉林化工厂爆炸导致苯类物质泄漏引发了松花江支流水质污染；2009年至2011年，江苏大丰、广东紫金等多地发生铅中毒事件，污染来自当地的冶炼厂、铅蓄电池厂；2013年，中国多地出现雾霾天气，雾霾成为网络搜索最热词。许多影响深远的环境污染事件都是由工厂排放的废水、废气、粉尘等造成的。企业是社会财富的主要创造者，在创造财富的同时也消耗了自然资源、能源，因此，企业同时也成为资源消耗者和环境污染制造者。一系列的环境污染事件向人们展示的似乎是这样一个因果关系——工业化的发展必然导致环境污染问题。因此，人们习惯于将环境污染问题归罪于工业化、城市化进程。

工业化与环境污染是否存在必然的因果关系呢？环境库兹涅茨曲线尝试着回答了这个问题。库兹涅茨曲线最初是用来描述经济增长和收入分配差距之间的长期变化的。20世纪90年代初，Grossman和Kureger发现经济增长和环境污染直接也存在倒U曲线关系（Grossman & Kureger，1991），因此借用库兹涅茨曲线的概念提出了环境库兹涅茨曲线（Environment Kuznets Curve，EKC），他们认为一国整体环境质量随着经济增长呈现先恶化后改善再恶化的趋势。不可否认，工业化确与环境污染存在密切的关系。人类改造自然的过程中，与环境的联系必然贯穿始终，因此，从生产视角来探寻环境问题的根源，确实具有重要意义。

美国学者J. B. 福斯特重读马克思著作，提出了社会—生态的"代谢"理论。这一理论主要源于马克思关于劳动过程的阐述。在描述人与自然如何通过劳动过程发生关系时，马克思创造了"代谢"这一概念。借此概念，福斯特认为是工业社会下的生产关系阻碍了人类与自然界之间的有序代谢,从而产生了环境问题(李友梅、翁定军,2001)。1980年,美国社会学家施耐伯格提出生产跑步机理论(the Treadmill of Production)。他认为,工业社会的中心任务就是保持经济持续增长,人们不断地扩大就业、扩大生产、鼓励消费,因此形成了一个市场经济运行的轮回逻辑:大量生产——大量消费——大量废弃,正是这一无法停止的"怪圈"导致了环境问题(Schnaiberg,1994)。生态现代化理论对现代化持支持态度,荷兰学者亚瑟·莫尔认为,科学技术和经济发展并不是环境问题的罪魁祸首,相反,他们是实现环境革新的关键因素(Mol,2000)。

总的来说,生产领域关于环境问题的探讨具有一个基本的共识,就是环境问题是生产领域产生的,必须通过生产领域的变革来解决。但实际上,很多研究数据表明,生活领域的环境问题更为严重,在生活领域探讨环境问题成为一个有意义的议题。

二 生活方式与环境衰退

随着生活方式的变迁,生活方式对环境问题的影响逐渐追平甚至超过了生产方式的影响。当前发达国家和部分发展中国家大量的能源消耗和碳排放,就是其大量生产和大量消费的结果。20世纪末至21世纪初,美国的经济发展水平一直居于世界各国前列,美国针对这一时期的一项能耗与碳排放的研究表明,"1990年的美国家庭生活能耗和碳排放占总能耗和碳排放比重的80%以上"(Bin & Dowlatabadi,2005)。同样的事情正在中国发生。我国居民在日常生活中排放的生活污水和垃圾、汽车尾气,以及秸秆燃烧产生的二氧化碳等温室气体已经大大超出了环境承受力,垃圾围城、烟霾雾霾以及农村面源污染等城市与农村的环境污染问题已经越来越严重。《中国统计年鉴2019》公布的2018年全国固体废弃物处理利用情况显示,一般工业固体废弃物产生量为329044.26万吨,去除综合利用量、安全处置量、贮存量之后,一般工业固体废弃物倾倒丢弃量仅为144.21万吨;

相比之下，城市生活垃圾清运量则高达 17080.9 万吨，去除卫生填埋、焚烧等处理量之后，仍然高达 16379.9 万吨，是工业固体废弃物的 113 倍多。

随着我国经济持续发展，城市化进程加快，居住、就业、交通、生活和消费方式等方面发生的深刻变化不仅关系到经济社会问题，对能源消费也产生了很大影响，能源消费的增加直接导致碳排放的增加。从图 1-1 可以看到，1998 年工业废水排放量为 2006331 万吨，生活污水排放量为 1947776 万吨，1999 年生活污水排放量首次超过工业废水排放量，进入 21 世纪，在工业废水排放量逐年减少的情况下，生活污水排放量逐年攀升，二者差距越来越大。同时，从烟尘排放量（图 1-2）可以看到，1998 年以来，工业烟尘的排放量呈现减少趋势，而生活烟尘排放量一直维持在一定程度且略有上升。

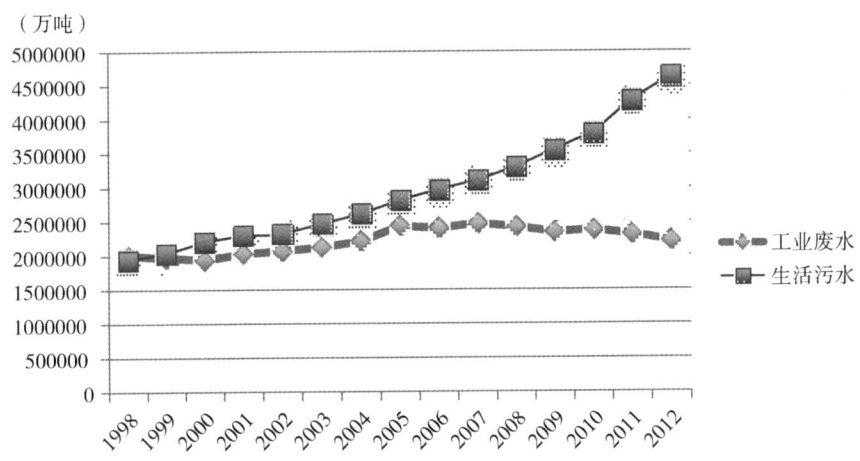

图 1-1　1998—2012 年生活污水与工业废水排放情况①

垃圾排放量、能源使用量的显著提升使我们不得不正视日常生活中的环境污染问题。生活者本身成为制造污染物的污染者，"生活者的致害化"问题尤为严重（饭岛伸子，1999：24）。比如雾霾、垃圾

---

① 根据中国经济与社会发展数据库相关数据整理。

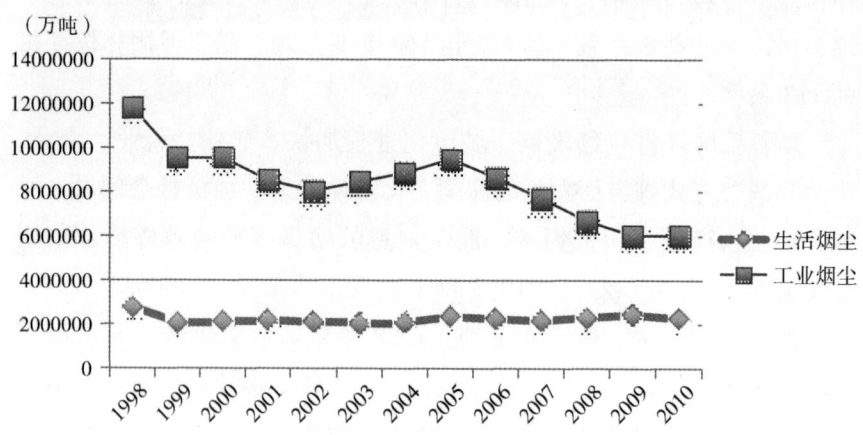

图1-2　生活烟尘排放量与工业烟尘排放量趋势对比①

围城等，这些污染问题不仅发生在城市之中，在农村地区，人畜粪便、生活污水等生活中的废弃物往往被忽视，未经处理或处理不当，都可能引起水体污染、土壤污染。如果与生产领域明确地划分界限，那么生活领域的环境问题也已经不容小觑。在环境衰退的背景下，拜金主义、享乐主义价值观，以及炫耀式消费、大量消费的生活方式被认为是导致环境问题的批评对象。针对这种情况，一些学者尝试从生活方式视角寻找环境问题的根源。主要包括社会转型论、生活环境主义、消费异化论等。

郑杭生根据中国基本国情提出了"社会转型"这一概念（郑杭生，2003），许多研究都是建立在这个基本判断的基础之上。洪大用从社会结构转型、体制转轨和价值观转变等方面探讨了中国当代社会转型中生态环境的变化，以及其对公众的影响（洪大用，2001）。20世纪七八十年代，日本学者鸟越皓之提出"生活环境主义"这一概念。他将生活环境主义与自然环境保护主义、现代技术主义相区别，提出"生活环境主义"（鸟越皓之，2009：50-51）。生活环境主义既强调了环境

---

① 根据中国经济与社会发展数据库相关数据整理。

问题，又指明了人作为生活者本身需要得到关注，为分析和解决环境问题提供了另一种视角。消费异化论的主要观点是，人在"欲求"而非"需求"的作用下丧失了主体地位，从而使人的本质异化为商品。过度的消费必然导致生态资源的枯竭，加重生态环境危机。

综上所述，来源于生活领域的环境问题确实需要得到正视，而人们的生活方式和行为方式正是生活领域中环境问题产生的根源。从现实情况看，随着居民生活水平提高，居民环境意识的提升，人们对于生存环境也越发关注。从已有的理论探讨中，我们发现从生活方式视角探讨环境问题是可行的，并且有积极意义。但现有的研究并没有完全回答"什么样的生活方式更有利于人类社会与自然环境的协调发展"这一问题。因此，探讨这种有利于人类社会与环境和谐共生的生活方式成为本书的议题。

第二节 核心概念

一 生活方式

在分析绿色生活方式概念之前，我们需要先对生活方式这一社会学经典研究概念进行回顾。本书所使用的生活方式概念与以往的经典生活方式研究的概念界定基本一致。生活方式是社会学领域中的一个重要理论范畴，马克思、韦伯、凡勃伦、布迪厄等多位社会学家都曾专门论述过生活方式这一概念。最初，在马克思、恩格斯的著作中，生活方式只是作为区分阶级的概念而存在的；在韦伯那里，生活方式成为社会分层的重要标志；随着西方社会步入消费社会，生活方式的研究与消费研究合而为一，将生活方式转化为消费方式等进行研究屡见不鲜。我国早期的生活方式研究多集中于意识形态的分析框架之中，随着我国现代化进程的加快，生活方式研究也变得日渐丰富和多样化。

马克思认为生活方式就是区分阶级的指标，同时他指出是生产方式决定了人们的生活方式。在《德意志意识形态》中，马克思也指出生活方式就是人们"一定的活动方式""生活的一定形式",从这个意义上讲,生活方式不仅包括衣食住行,生产方式也是生活方式的范畴(马克思、恩格斯,2003:24)。韦伯、凡勃伦等在探讨社会分层时将生活方式作为间接的指标,在分析阶级、地位群体等概念时建构了生活方式的概念,在他们那里生活方式尚为一个从属性概念。韦伯认为,"一种'生活方式'对于地位受尊敬的程度的决定作用意味着,地位群体是一套'习俗惯制'(conventions)的专门拥有者。如此说来,生活的全部'风格化'(stylization)来源于地位群体,或者,至少可以说,表现于地位群体"(Weber,1968:190)。在韦伯那里,人们可以从生活方式上来认识社会地位。而凡勃伦则对特定阶级与特定生活方式的相关性做了详细的论述,在他的研究中引入了"炫耀性闲暇"(conspicuous leisure)和"炫耀性消费"(conspicuous consumption)等概念,论证了有闲阶级与特定的炫耀性生活方式是合二为一的(凡勃伦,1964)。

韦伯和凡勃伦并未将生活方式作为直接的研究对象,因此并未对生活方式做出直接的界定。但他们的贡献在于确立了生活方式研究的理路,一是从社会分层的角度开展生活方式研究,二是将生活方式转化为消费方式进行研究。这两种理路引导了后来学者的一系列研究,同时也指出了生活方式的基本内涵至少应当包括社会阶层、消费和休闲方式。

在马克思、韦伯对生活方式的相关论述中,生活方式由于并未成为一个专有名词,还只能用短语 style of life 来表述,并未形成明确的概念界定。随着生活方式研究的发展,生活方式经历了从短语(style of life)到合成词(life-style),再从合成词成为一个特定单词(lifestyle)的发展演变过程,这一过程体现的不仅是词汇的变化,而且更多地表现为生活方式研究的纵深发展。在生活方式作为一个合成词(life-style)的时期,其定义的核心要义是规范、群体、代表等内涵(Tallman,1970:337)。

第一章 生活方式与环境衰退

当生活方式成为一个具有解释力的专有名词（lifestyle）之后，其概念主要强调"个体性""风格""趣味""选择"等。有学者指出，在社会学领域，生活方式这个概念指某一地位群体（status groups）特殊的生活风格（the distinctive style of life）的时候，生活方式这个词就包含了个人性（individuality）、自我表现（self-expression）和自我意识（a stylistic selfconsciousness）的内涵。消费、习惯等都可以成为个人风格的指标（Featherstone，1987：55）。

从查找到的文献来看，我们能够发现这样一些规律：早期的经典文献中，生活方式的差异是由阶级、阶层等外在属性决定的；到20世纪70年代，生活方式成为一个合成词，从相关定义中可以看出生活方式的客观差异性变得模糊，生活方式并不完全由经济结构所决定了；从20世纪80年代开始直至90年代，生活方式成为一个专有名词，出现在消费社会特有的"选择""风格""趣味"等语境里，更加强调个体选择的主动性，甚至有人直接将lifestyle翻译为生活风格，借以强调其主体选择性。从生活方式这一词汇的变化可以看到西方生活方式研究的轨迹。

中国学者从80年代初期开始了生活方式研究，主要是围绕马克思的相关论著对生活方式进行意识形态性的注解。这一时期的研究提出了被学术界广泛认同的定义，即"生活方式回答的是人们'如何生活'的问题，它涉及人类社会生活的各个方面，是指人们依据一定的文化模式为满足自身生活需要而运用社会环境提供的各种物质的和精神文化资源的活动方式"。（王雅林，1995：41）王雅林从哲学研究的角度认为，生活方式是一个主客体相伴而生的概念，正是在主客体的互动过程中，形成了不同的生活方式。

综合关于生活方式的界定，本书认为生活方式是指除生产活动之外，在特定价值观和社会规范下，人们全部活动所形成的稳定的行为方式体系和引领行为的价值选择体系。它是个体在不同的空间和时间构成的情境中，利用"规则"与"资源"所维持和再生产的社会结构。

二 绿色生活方式

绿色生活方式是本书的核心概念，也是研究主题。简单来说，绿色生活方式就是具有环境友好倾向的生活方式，这种环境友好倾向表现在具有较强的环境关心、较为丰富的环境知识和切实的环境行为三个方面。就绿色生活方式具体内涵而言，首先是环境关心，即公众对于现行生活方式可能会给环境带来的影响要有所了解，对基本的环境问题能够给予关注；其次是环境知识，即公众对于一般性的环境问题和环境治理有一个基本的认识能力，这为个体选择并践行绿色生活方式奠定了基础；最后是环境行为，即对环境保护具有正向作用的个体行为，并且从生活方式的角度看，这些行为应该具有惯例性。只有当主体对环境问题较为敏感，表现出积极的环境关心倾向，同时，主体具备丰富的环境知识来应对环境衰退的事实，并能够通过较强的环境关心和丰富的环境知识来做出积极的环境行为，主体才能够塑造出一种对生态环境友好的生活习惯，从而结合社会结构中的一些其他因素，构建起有利于生态环境与人的和谐共处的绿色生活方式。同时，关于环境关心、环境知识和环境行为，实际上也构成了绿色生活方式的内在维度，即关注维度、意向维度、行动维度。其中最为重要的，也是对生活方式切实产生影响的就是行动维度，即环境行为。

环境关心：人们对于环境关心这个概念比较陌生，对于环境意识等比较熟悉。其实，"环境意识"这个概念来自于西方，中文的"环境意识"是对英文"Environmental Awareness"一词的翻译。（徐嵩龄，1997：46）但在英语世界里，人们讨论环境意识时，更多的是使用"环境素养"（Environmental Literacy）（王民，1999：1）、"新环境范式"（NewEnvironmental Paradigm，简称 NEP）（Dunlap & van Liere，1978）和"环境关心"（Environmental Concern）（R. Weigel & J. Weigel，1978）等词汇。这些词汇尽管在意义上彼此有些区别，但核心都是指人们意识到并支持解决涉及生态环境问题的程度以及个人为解决这类问题所作出

第一章 生活方式与环境衰退

贡献的意愿。

环境关心的测量是非常复杂的,自20世纪70年代以来,已经有许多学者提出了一些测量方法。(Stern, et al., 1995; La Trobe & Acot, 2000; Zelezny, et al., 2000; Lalonde & Jackson, 2002; Dunlap & Jones, 2002; Cordano, et al., 2003)。例如,马洛尼(Maloney)和沃德(Ward, 1973)提出的"生态态度和知识量表"(Ecological Attitudes and Knowledge Scale)、R. 韦尔格(R. Weigel)和J. 韦尔格(J. Weigel, 1978)提出的"环境关心量表"(Environmental Concern Scale)以及邓拉普(Dunlap)和利埃(Liere, 1978)提出的"新环境范式量表"(New Environmental Paradigm Scale,简称NEP量表)等。其中邓拉普(Dunlap)和利埃(Liere, 1978)提出的NEP量表被认为是广泛使用的测量环境关心的方法。

随着时代的变化,环境问题也在变化,人们对于环境问题的关心也随之发生变化。为此,邓拉普(Dunlap)等人在2000年的一篇文章(Dunlap, et al., 2000)中讨论了修订NEP量表(1978)的问题,并提出了新的NEP(New Ecological Paradigm)量表。新量表包括了人类与环境关系的五个方面,共15个项目。按照邓拉普(Dunlap)等人的检验,与旧的NEP量表相比,修订过的NEP量表具有更好的信度和效度。(洪大用,2006)

环境知识:公众的环境知识就是他们对于环境污染问题、环境科学技术和环境治理的一般性认知状况(洪大用、范叶超,2016)。有关环境知识的测量从20世纪70年代就已经出现了,诸多环境知识量表相继被提出,比如马隆尼(M. P. Maloney)和沃德(M. P. Ward)提出的生态学量表(Ecology Scale),该量表共包括130个测量项目,涵盖了环境行动意愿、环境友好行为、环境关心和环境知识四个方面的内容,依次由口头承诺(Verbal Commitment)、实际承诺(Actual Commitment)、情感(Afect)和知识(Knowledge)四个子量表组成(Maloney & Ward, 1973)。在马隆尼等人提出的生态学量表的基础上,德国学者莎因(J. Schahn)和霍尔泽(E. Holzer)认为,该环境知识量表测量的是一种"抽象知识"(abstract knowledge),而抽象的环境知识实际上对环境行为很难产生有效的影响。他们在原量表的基础上新增了28个项目,用以测量日常生活领域与环境议题相关的一些具体知识,建立了新的量表,结果发现新的量表能够有效地预测环境行为(Holzer & Schahn)。同时,还有一些针对特定的环境议题设计的环境知识量表,比如针对酸雨问题、森林保护、汽车的环境影响后果等(Arcury、Scolay、Johnson,1987;Hwang、Kim、Jeng,2000;Flamm,2009)。

中国关于环境知识的测量起步相对较晚,最早可以追溯到1995年在全国七个城市实施的"全民环境意识调查",问卷中有包括"对'环境保护'这一概念的知晓程度""对有关环保政策法规的了解程度"以及"对若干环境问题的了解程度"等内容。这一量表对环境知识已经有了较为明确的认识,但其中一些表述和概念已经不符合当前的社会事实。2003年由中国人民大学社会学系主持并联合其他学术单位共同实施的中国综合社会调查项目中,有一部分环境模块,涉及新生态范式(NEP量表)、环境知识和环境行为等一系列测量(洪大用、范叶超,2016)。其中,关于环境知识的测量与之前的研究相比,具有三个特点:一是项目中既涉及抽象的环境知识,也涉及与日常生活相关的环境知识;二是量表涉及的环境议题比较多样化,包括大气污染、酸雨、生物多样性等,既有本土化环境问题,也有国际性的环境议题;三是量表包括了环境问题的成因、后果、环境治理标准等内容,综合了环境知识的不同维度。因此,这一量表在国内环境社会学研究中有非常广泛的应用,在信度与效度方面获得了较好的评价。

环境行为:本书所使用的"环境行为"一词是指个体在主观意识中乐于保护环境,包括环境关心、环境友好行为倾向和具体环境行为等方面。在目前国内外的相关研究中,环境行为(environmental behavior）在不同的研究中有着不同的称呼，比如环境友好行为（environmental friendly behavior）、环境保护行为（environmental protection behavior）、亲环境行为（pro-environmental behavior）、负责任的环境行为（environmental significant behavior）等。虽然上述名称在不同的研究中被赋予不同的内涵，但其基本是一致的，即那些能够对改善和提升环境质量起到正向作用的个体或集体行为。

以下是四个比较具有代表性的环境行为的定义：Hines 等人认为，负责任的环境行为（environmental significant behavior）是指个体出于责任心和价值观而有意识地采取的避免危害环境或有助于解决环境问题的行为（Hines et al., 1986/1987: 1-8）。Stern 认为，应当从影响和意向两个取向来界定环境行为，影响取向强调个体行为对物质环境的直接或间接的改变，意向取向则强调个体想要改善环境的主观意图（Stern, 2000）。Kollmuss 等人认为，环境行为是指个体有意识地减少对环境产生负面影响的行为，比如减少能源消耗、使用循环再生的产品等（Kollmuss & Agyeman, 2002: 239-260）。还有学者指出，环境友好行为、环境保护行为都是强调有利于保护资源和提升环境质量的行为（Dolnicar & Grun, 2009: 639-714）。

上述关于环境行为的相关定义其共同点在于，均强调行为是个体"有意识"的结果，其潜在的假设是所有的环境行为都包含了个体在做出行为前的环境保护意向，无意识的行为即使对环境保护具有有利的影响也被排除在环境行为之外。其不同点在于，对于个体行为对环境产生的有效性程度的认定不同，有的定义认为有效性可以从"避免"或"减少"对环境的负面影响开始，有的则严格地认为行为有效性必须从"有利于"环境的程度开始。

另外，需要指明的是环境行为与环境关心的关系问题。国外环境关心（environmental concern）的研究要比环境行为研究进行得多，有学者指出，到 2000 年前后，已经累计有超过 1000 篇有关环境关心的经验研究文献（Dunlap & Jones, 2002）。在早期的环境关心研究中，有的学者将环境行为涵括在环境关心之中，有的则把环境行为排除在环境关心之外。荷兰学者斯格尔斯和内里森将环境关心定义为关于保护、控制以及干预自然环境和人造环境的观念总体，同时也包括与这些环境相联系的行为准备（Dunlap & Jones，2002：78）。而 Ester 和 Meer 则认为，环境关心是指人们对环境问题认识的程度以及致力于解决这些问题的程度（Ester & Van der Meer，1982：57 - 94）。Dunlap 和 Jones 更倾向于把环境行为排除在环境关心的内涵之外，后者是指人们意识到并指出解决涉及生态环境的问题的程度或者个人为解决这类问题而做出贡献的意愿（Dunlap & Jones，2002：90 - 92）。可见，环境关心与环境行为具有一定的交叉性。就国外环境行为的定义来看，强调了行为的"有意识"，具有环境关心的内涵。而环境关心研究为了强调对个体对环境问题的认知、环境知识水平和个人意愿，则把行为因素排除在外。

与西方相关研究相比，中国环境行为的研究起步较晚。直到2000年之后，中国环境社会学发展迅速，公众环境意识与环境行为才成为明显的研究重点（洪大用，2008：364 - 365）。国内研究中使用较多的是环境保护行为、环境友好行为，其内涵基本相同，并且等同使用。具体来说，国内研究定义分为广义和狭义两个层次。广义的环境行为是指一切人类的行为都是环境行为，包括人的衣食住行等方面所涵盖的各种行为，比如王芳认为，环境行为既是个体对环境的行为，又是个体之间的行为，既包括个体对环境的直接影响，又包括个体间行为对环境的间接影响（王芳，2006）。广义的环境行为定义其行为主体包括个体层面和群体层面，其行为本身包括对环境有利的正面行为和负面行为。狭义的环境行为包括两个层面：一是行动者层面，认为环境行为特指个体行为；二是影响力层面，认为环境行为特指对环境产生有利影响的行为。比如"环境友好行为就是指人们试图通过各种途径保护环境并在实践中表现出的有利于环境的行为"。（龚文娟、雷俊，2006）有学者就国内广义和狭义环境行为的定义作了分析，认为环境行为包含四个基本特征：第一，环境行为是群体行为而非个体行为；第二，环境行为具有社会结构性，即受到风俗、文化、制度的影响；第三，环境行为与社会关系有关；第四，环境行为不仅影响环境也影响社会关系（崔凤、唐国建，2010）。

国内关于环境行为的定义并未强调"有意识"的主动性行为，更多的是强调行为对环境的正向作用，对于行为主体则存在争论。在不同的研究中，因为研究问题不同，有的研究将行为主体确定为个体层面，有的则将其确定在组织层面。但总的说来，国内环境行为定义存在两点不足：第一，广义的环境行为定义过于宽泛，在实际研究中缺乏操作性，难以聚焦具体问题；第二，狭义的环境行为将其锁定在"个体层面"和"对环境的正向影响"，过于简单而未能辨别环境行为的内部层次，以至相关研究停留在分析环境行为与人口统计学变量关系的研究上，而难以对更深层次的社会结构因素进行分析。

在分析了环境关心、环境知识和环境行为三个概念后，本书将绿色生活方式定义为：主体在社会生活中主动地关注环境问题、积极应对环境问题、主动做出有利于环境的行为，并将一系列的环境行为内化为一种习惯，使之成为社会结构的组成部分，即使之成为稳定的行为方式体系和价值体系，以使社会上更多的个体能够为之改变并最终参与其中。在随后研究中的第五章，将对绿色生活方式进行详细的分析。

本书的目的是通过对绿色生活方式中生态环境的关注、意向、实施三个维度即环境关心、环境知识和环境行为，对比2003年和2010年的全国数据（CGSS2003和CGSS2010），探讨中国当代居民生活上的绿色转向，并在此基础上继续探究绿色生活方式的构建路径。

第三节 研究方法

本书属于解释性和探索性相结合的研究。因此，采用定性与定量相结合的研究方法。具体来说，在技术上主要采用了三种手段：一是理论导向的实证研究，根据绿色生活方式的概念界定和环境关心、环境知识、环境行为研究的相关理论以及实际经验，构建研究模型，并应用统计分析方法对假设进行检验，最终对理论加以回应。并且对两个时间段的相关变量进行对比，尝试分析绿色生活方式在当代中国居民的生活中是否呈现出某种趋势。在数据选用上，本书主要采用中国综合社会调查 2003 年和 2010 年的数据，使用 STATA13.0 软件，通过相关分析、多元线性回归等方法建立研究模型。

二是文献分析法，对当代中国城乡居民的生活方式研究文献进行整理分析，并查阅大量统计数据资料，呈现出改革开放至今中国居民生活方式的变迁态势，以及生活方式的变迁对生存环境和居民环境关心、环境知识、环境行为的影响。

三是分类研究，在文献分析和构建模型的基础上，对生活方式划分理想类型，从而提出绿色生活方式这一概念。在韦伯看来，理想类型（ideal types）是一种概念工具，它具有三个方面的特征：（1）它是研究者的主观建构；（2）虽然是主观建构，但理想类型并不是虚构的，它来源于现实又不等同于现实；（3）理想类型并不是概括事物的所有特征，而是为了研究而单向侧重概括事物的某一方面的特征（周晓虹，2002：94－99）。因此，根据理想类型这一分析工具，本书就生活方式进行了类型划分，概括了四类生活方式类型的主要特征。

第四节 本书结构

本书所探讨的绿色生活方式实际上是建立在生活方式和环境行为研究的基础之上，研究的基本思路是以环境行为研究为基础，把环境行为作为绿色生活方式的一项重要内容，通过环境行为对绿色生活方式进行概念的界定和操作化，并通过对社会变迁、现代生活方式对环境行为的影响等方面的分析基础上，区分出具有典型环境友好行为倾

第一章 生活方式与环境衰退

向的绿色生活方式,从而对绿色生活方式的特征进行初步的概括和解释。本书分为六个章节:

第一章为生活方式与环境衰退。在环境衰退的背景下,介绍生产方式和生活方式对环境问题的影响。同时,提出研究的具体问题、研究的核心概念、研究方法、文章架构以及研究意义和创新。

第二章为绿色生活方式研究回顾。一方面是梳理已有的与绿色生活方式相关的研究,比如回顾低碳社会、可持续消费、环境公正等方面的研究成果,总结绿色生活方式研究的相关研究视角和理论范式;另一方面,也要从环境行为的视角着手,梳理国内外与绿色生活方式相关的环境行为研究,为继续探讨生活方式变迁及其对环境行为的影响打下基础。

第三章为中国当代居民生活方式变迁及其对生态环境的影响。主要以当代社会转型为背景,以工业化、城市化、价值观为分析框架,分析了改革开放以来中国公众的生活方式变迁情况。在分析生活方式变迁的过程中,主要从消费与休闲的转变、社会交往的转变和价值观念的转变三个方面入手,同时分析了不同时期生活方式的变迁及其对环境的影响。

第四章为生活方式的绿色转向及其影响因素。探讨绿色生活方式应有的理论内涵,对比不同时期中国当代居民的环境关心、环境知识和环境行为水平,探讨中国当代居民绿色生活方式的转向。主要包括对绿色生活方式的操作化、研究假设、数据说明、变量测量、因素分析等内容。

第五章为生活方式的理想类型。在第三章和第四章的基础上,应用理想类型这一分析工具,结合传统与现代、环境行为的水平,对生活方式划分了四种理想类型。包括田园生活、竞生生活、物欲生活和绿色生活,并对每一种理想类型的主要特征进行了概括。在这一章节里还提出了绿色生活方式的形塑机制,包括价值供给和制度供给两个方面。在这一基础上,又进一步提出了价值供给与制度供给在具体生活方式中的体现，确立了由生活理念、社会理解、社会定义和生活习惯为主的生活方式形成机制。

　　第六章为绿色生活方式的构建。主要包括三个方面内容：一是对整个研究结论的总结；二是针对研究结论提出的对策建议；三是对绿色发展与绿色生活方式的畅想；四是本书的不足和对未来研究的讨论、展望。

第五节　研究意义与创新

　　在环境衰退的背景下，公众多将环境问题归诸在经济发展方式、企业排污行为等生产领域，生活领域的污染行为往往被忽视。环境行为研究一直是环境社会学的重要议题，当众多学者注意到生活污染对环境质量和环境状况产生了巨大的负面作用后，开始致力于探讨公众对于环境产生的正面和负面影响，并探寻影响环境行为的因素，并取得了相当多的研究成果。遗憾的是很多研究仍然停留在对国外经典理论的验证阶段，缺少对中国现阶段公众日常生活现状的基本认知，其对于公众环境行为的影响也未作深入探讨。

　　本书的意义在于，对中国公众生活方式现状做出实证分析，并在此基础上分析中国公众的生活方式对环境行为的影响，借此辨析具有环保特征的生活方式类型即绿色生活方式，为以后环境保护工作的开展和生活方式的重塑提供一种可能。

　　本书的主要创新之处在于：第一，在梳理国内外相关研究成果的基础上，结合 CGSS 数据对当代中国绿色生活方式的影响因素进行了分析，并在此基础上辨别不同生活方式类型及其主要特征；第二，对比不同时期中国当代居民的环境关心、环境知识、环境行为水平，考察当代居民的生活领域的绿色转向具体情况如何；第三，辨析一种具有较强对生态环境具有友好倾向的生活方式，即绿色生活方式，通过对绿色生活方式的描述分析，提出建构绿色生活方式的路径选择，为

第一章 生活方式与环境衰退

以后的环境保护工作和绿色生活方式的构建提供一种可能的选择。

本书作为一项基础性研究,可能并不会对生活方式的重构以及公众环境行为的加强产生立竿见影的效果,但正如有的学者所指出的,"公众环境关心和行为的研究,对于实际的环境保护工作和环境社会学的学术社区而言,都具有别样的倡导意义""虽然社会结构对于个人有着制约作用,但是学者们日益意识到人类并不完全为其主宰,社会变化在很大程度上取决于人类的行动和想象"。(洪大用、肖晨阳,2012:前言)只有客观、系统地了解公众在环境问题上的观念、态度和行为倾向,环境保护工作才能对症下药,政府及社会组织才能制定有效的政策推动环境保护工作的开展。只有明确人类与环境的可持续相处方式,将环境行为内化为每个人的具体的日常生活实践,才能使环境保护工作最终步入良性循环的轨道。

第二章 绿色生活方式研究回顾

第一节 绿色生活方式研究评述

一 国外绿色生活方式相关研究

从查找到的文献来看，专门提出绿色生活方式这一概念的研究并不普遍，但具有同等理论意义的研究还是很丰富的，总结起来主要有四种研究范式。

第一，作为一种日常生活理论的实践论。在近三十年里，日常生活逐渐成为社会学研究的一个重要领域（戈夫曼，1989；杨善华 2009；Pink，2012）。这些研究使得社会学领域发生了一种日常生活转向。即将人类行动置于集体情景中来理解，这就需要在研究中同时兼顾行动者和社会结构及文化因素。法国社会学者德塞将他的日常生活理论命名为"日常生活实践理论"，主张从实践的角度来观察日常生活（De Certaeu，Giard & Mayol，1998）。一方面，实践论解释了日常生活是如何对环境产生影响的。实践论者认为，当我们以实践为分析单位来考察日常生活和环境变化的关系时，可以发现，实践首先具有物质性，实践是以一定的物质和能量消耗为基础的；而随着实践的深入，物质消耗的累积就可能转化为环境问题。比如，现实生活中，随着我们出行方式的逐渐改变，二氧化碳、二氧化硫排放加剧，最终导致温室效应和酸雨，这些环境退化问题不是短时间形成的，而是实践消耗的物质量达到某个水平便出现了环境问题。另一方面，实践论也解释了日常生活中的环境行动和环境治理是如何实现的。实践论者认为，日常生活中的环境行为需要被还原到它们实际嵌入的日常生活实践中去，通过考察实践者与日常实践的交互作用和社会文化背景来理解这些实践的决定性因素。

同时，实践论的发展也和许多社会学家开始深刻地反思当时社会理论中存在的主客体二元对立的问题有关。吉登斯提出了以社会实践为核心的结构化理论（Structuration Theory），他认为社会结构塑造了人类活动，并为人类活动的发生创造了条件，同时，人类活动也在一定的社会结构中不断地再生产，这些人类活动可以在日常生活实践中被观察到，正是这些实践组成了高度惯例化的社会生活。由此，吉登斯提出要超越二元论的研究传统，将社会生活中的各类实践作为研究对象（Anthony Giddens，1984）。布迪厄则用惯习（habitus）这一概念尝试连接社会结构与行动者，他认为惯习是人们实践中的一种行为倾向，它能够支配行动者的各种实践活动。虽然吉登斯与布迪厄在对"实践"的理解上并不相同，但二者作为影响力深远的当代社会学家，对"实践"的研究兴趣客观上推动了理论界的研究转向。随后，有相当多的理论家分别从不同视角开展了实践理论研究。在环境社会学领域，修芙等人认为实践是物质、技能、意义三组元素构成的实体，实践既可以日复一日循环往复，也可能由于实践者的一次改变而发生改变。修芙等人还阐明了实践会发生改变的原因，即物质、技能、意义三组要素间连接的建立、维持和打破就会导致实践的延续或改变。在此基础上，修芙等人还就如何通过制度安排推动实践改变进行了探讨（Elizabeth Shove，Mika Pantazar & Matt Watson，2012）。当日常生活实践能够对物质产生影响的时候，也必然会带来环境的变化，因此关于减少物质消耗并达到环保目的的实践就具有了环境治理的意义，持实践论的研究者所要探寻的目标就是如何实现实践的重构或转化，以适应环境治理的需求。孙立平提出建构"实践社会学"

的理念，倡导以"过程—事件分析"范式尝试从社会行动中的事件与过程去把握现实的社会结构，比如孙立平认为需要在"事件"发生的时候才能看出村民间的亲疏远近关系，关注、描述和分析这个"事件"及其过程才是社会学的研究策略（孙立平，2002）。在这一层面，日常生活实践背后的意义成为重要的研究目标，比如环境政策对一些有悖环境保护的行为采取遏制手段的时候，研究者更应该关注这些形成此种实践的深层逻辑，才能从根本上使有悖于环境保护的实践向有利于环境保护转变。总的来说，在国内外关于实践论的研究中，比较欠缺内部逻辑一致性，很多学者都建立了各自对"实践"的理解。较为一致的一面在于，作为一种日常生活理论，实践论让研究者把更多的关注点放在了日常生活实践领域，尤其是在探讨通过政策安排来重构生活实践的时候，对个体实践的分析能够使政策安排更加贴近环境治理的目标。当日常生活中那些密集的、反复性的实践被赋予环境治理意义的时候，实践的重构就能够促进日常生活向环境友好和可持续的方向转变。

在针对实践论的批判中，社会—技术范式比较具有典型性。20世纪90年代，一批学者看到了可持续发展在诸多领域包括政府部门所面临的挑战，比如较强的路径依赖。社会—技术系统中，包括行动主体、科学技术、法规、商业运行模式等要素已经形成了较为稳定的路径，要素间互相牵制，因此建立起的社会—技术系统一方面力图保证可持续发展；另一方面也越来越难以应对可持续发展的新挑战。所以，Rotmans 等学者引入"转型"的概念，提出要应对可持续发展的挑战必须走社会—技术转型的道路。这一理论范式在众多学者的努力下形成了一套分析框架，包括多层次视角（MLP 即 Multi-level Perspective）、战略生态位管理（SNM 即 Strategic Niche Management）和转型管理（TM 即 Transition Management）。其中一个重要的概念是生态位（niche），从生物学角度理解，生态位是指一种包含个体、群体或生态系统等不同层级水平对象的生命主体特质（彭文俊、王晓鸣，

2016），也被理解为在特定的生态系统中，生物与环境相互作用所形成的相对位置。在社会—技术范式中，生态位是指"由小规模创新网络构成的对新技术的保护空间，包括技术生态位和市场生态位"（孙冰、徐晓菲、姚洪涛，2016）。在多层次视角分析模型中，其核心内容是场景（Landscape）、社会—技术域（Socio-technical Regime）和生态位（niche）。也可以简单地对应理解为社会结构中的宏观、中观和微观层次。在MLP的解释中，任何一个稳定的主流社会—技术域，都是由技术、基础设施、市场、文化、政策等要素构成的，很难获得突破性的改变，而发生在生态境即微观层面的创新要想获得改变，单靠技术是无法实现的，需要多重社会—技术因素协同作用（Duygan Mert, M. Stauffacher & Grégoire Meylan, 2019）。战略生态位管理（SNM）则进一步围绕生态位这一概念探讨了如何培养、支持生态位内部的创新；转型管理（TM）更侧重社会—技术域和生态位两个层次的管理（薛奕曦、王卓莉、史红斌，2020）。社会—技术范式的支持者们也应用这些分析框架对诸如交通系统、居住系统的转型做了解释，比如Geels分析了在美国由于场景变迁，经历的从马车到汽车、从螺旋桨飞机到喷气式飞机的转型过程。由于工业化、城市化（场景）的变迁，给交通系统内部（生态位）造成了很多新问题，最后汽车取代了马车，交通系统实现了彻底的转型（Geels Frank W., 2005）。国内也有学者基于社会—技术范式分析了新能源公共交通这一系统的转型过程（孙冰、徐晓菲、姚洪涛，2016）。总的来看，社会—技术范式虽然在分析框架内存在社会因素，但在具体的分析中则更多地在强调"技术"在生态转型过程中的作用，系统的社会意涵被减弱了，社会成员的视角更是难以体现。

第二，从消费角度进行的可持续消费研究。消费是生活中必不可少的内容，在现代社会，人们通过消费活动获得生存和发展的资料，因此，消费领域的研究一直是生活方式研究的重要内容。甚至在早期的生活方式研究中，比如凡勃伦提出的"有闲生活"中，将生活方式等同于消费方式进行研究。可见消费方式对生活方式的影响之深。在时尚领域有一句话,"你就是你所消费的",其大致内涵就是指消费对个体自我构建的直观影响。虽然消费活动对生活方式具有如此重要的影响,但也有一些研究指出,正是过度消费才引发了生态环境危机。1992年6月,联合国召开"环境与发展大会",会议签署了《21世纪议程》,该议程明确指出不适当的消费方式和生产方式是导致环境衰退的根本原因。这一议程使人们将视野逐渐从关注生产领域的污染问题扩大到关注生活方式,尤其是消费方式上面来。

Gert认为,我们可以将可持续消费研究纳入公众环境行为研究模型当中,将可持续消费行为作为环境行为的一部分(Gert,2003)。"虽然这种态度在某种程度上是法兰克福学派的学术传承,但仅凭学术传承这一因素,并不足以解释消费研究领域缺乏严肃研究的事实。更为重要的原因,是多年来在社会学理论中居于支配地位的生产主义倾向。""消费行为研究应从行动者从事日常活动时涉及的社会实践开始。"(Gert,2011:374)Gert等人借助了吉登斯的结构化理论,对可持续生活方式的概念进行了新的界定。从消费者的信仰与价值和社会结构的规则与资源两个维度探讨了家庭消费实践的实现过程和影响机制。

第三,日常生活情境中的研究。前文简要论述了在实践论的理论范式下,正是个体的各种日常生活实践构成了整个社会的活动。实践论也是关于日常生活的一个较为前沿的理论范式。但这也并不影响有学者专门把日常生活情景提取出来,作为特定的研究领域。情境变量(situational factor)是指那些对个体行为产生影响的外在因素。主要是规则与资源的供给,包括社会规范、法律法规等外在条件变量,同时也包括说服和劝说等行动变量。与实践论相类似的,对日常生活情景的研究也致力于把个体的行为嵌入特定的日常生活情境中去理解。那些针对环境行为的情景变量,对于塑造环境行为有着积极的影响,同时若干情景组合在一起,对塑造绿色生活方式也具有积极的作用。

一些学者直接就情境变量对环境行为的影响做了实证研究，发现情境变量对环境行为具有制约作用。Fukuyama 等学者曾对英美两国居民垃圾回收行为进行了研究（K. Fukuyama，2000：506 - 511），发现是否设置垃圾回收箱等设施、垃圾投递的方便程度、耗时程度等外在条件都对垃圾回收行为具有显著影响。De Yong 还在研究中提出了影响环境行为的一个重要变量，称其为"感知到的行为障碍"，指那些在实施环境行为时能够感知到的缺乏必要的知识、信息、能力、条件等。这一概念反映了个体在实施行为时对资源、条件、能力等障碍的提前预测，从某种程度上讲，这也是情境变量中的心理变量。Chen 在中国大陆地区所做的居民绿色消费的研究表明（Chen，2015：23 - 45），大部分人虽然具有较高的环境关心水平，但在采购行为中则不能有效地落实环保理念，主要原因就是国内绿色产品的认定、生产、销售等环节还不规范，绿色产品还未能普及，所以居民的采购行为受到了这些情境因素的制约。

也有的学者将情境变量纳入分析模型，指出了情境变量对环境行为的影响程度。Poortinga 等人在英国居民能源消费的研究中发现，当一些环境行为较难实施时，心理变量对环境行为的影响就会减少，情境变量的影响力则会增强（Poortinga etc.，2004）。荷兰学者 Gaterleben 也有类似的研究，他对荷兰居民进行了一般环境行为和家庭能源使用行为的调查，结果发现一般环境行为受环境态度等心理变量的影响较大，而家庭能源使用行为则与家庭规模、人口素质、生活习惯以及家庭收入等外部变量相关（Gaterleben etc.，2009：173 - 180）。

另外，一些社会人口统计变量，包括年龄、性别、教育程度、收入水平、家庭规模等，也会构成一部分情境因素，有的研究者直接将其纳入情境变量之中进行分析。布兰德 1997 年曾提出了一个环境意识和环境行为的情景分析模型。布兰德的模型认为，日常生活中的环境行为与不同的生活情景有关。这些生活情景包括社会结构与文化背景、与社会建构相关的大众传媒所引导的公共环境讨论以及日常生活场景再现等多个层次（Brand，1997）。Gatersleben 等通过研究发现居民的能源消费行为与家庭规模和家庭收入显著相关，其中意向导向的环境行为受态度变量的影响较大，而影响导向的环境行为则与家庭类型和收入等社会人口统计变量关系更强（Gatersleben etc.，2009）。

第四，环境公正视角下的研究。与风险社会一样，环境公正理论也十分关注风险的分配问题。与风险社会理论不同的是，环境公正理论更强调公众的环境权，更加关注环境恶化背景下的社会不平等的加剧。从环境公正理论的起源来看，这一理论发源于公众对生活领域中环境污染问题的关注，比如废弃物丢弃、迁移过程中出现的种族歧视的实证研究，以及环境问题最终引发的社会问题等，其终极指向还是人的生活、不同群体的生活。

环境公正理论的分析框架包括了国家、市场和各阶层尤其是穷人和少数民族群体三个层次，由于环境公正理论起源于美国的环境运动，因此，该理论尤其注意对种族歧视的分析，后又引申到对整个低收入阶层、少数族裔等弱势群体受到的环境不公正对待的分析，该理论指出穷人和少数族裔缺乏足够的动员资源，在政治和经济领域都是弱者，在生存环境上更容易受到不公正的对待（Mo hai & Kershner，2002：167 - 189）。佩罗（David Pellow）尝试着将这三个利益主体整合在一个政治经济框架内讨论，他认为环境不公是被制造出来的，是可以改变的。为了争夺有价值的环境资源，利益双方或者是利益多方的关系是互相竞争、错综复杂的，不能简单地把某一方定义为致害方或受害方（Pellow，2004：511 - 525）。所以环境不公的分析是一个动态的过程，通过不断观察和分析竞争关系才能逐渐揭开环境不公的神秘面纱。与其他理论相比，环境公正论的优点在于比较细致入微地考虑了公众的环境权，特别是对低收入者、少数族裔等弱势群体的生存状况的关注，使得该理论具有了更强烈的人为关怀，同时也把环境社会学的研究视角放到了生活领域。

第五，来自日本的生活环境主义。20 世纪七八十年代，日本学者鸟越皓之强调对于环境问题的研究要"站在生活者的角度思考"（鸟越皓之，2009：51）。他将生活环境主义与自然环境保护主义、现代技术主义相区别，提出"生活环境主义"这一概念，（鸟越皓之，2009：50-51）。他通过对日本农村环境问题的考察，提出保护环境不能粗暴地让居民与环境相分离，要挖掘当地居民的智慧来解决环境问题。"生活环境主义"使人们开始重新审视人类生存与保护环境的关系问题。其重要贡献就是在日常生活领域尝试寻找建立环境治理的基点，促使居民能够"参与且协动"，以达到环境治理良性发展的目的。"生活环境主义"理论结构包含三个方面：一是所有论，鸟越皓之等人发现相对于个体土地所有权，人们更重视土地的村落共同所有权，借此提出在制定环境政策时应注意个体与集体的冲突问题；二是组织论，即居民往往会分为"说法"不同的组织，形成不同的利益团体；三是意识论，包括个体层面的经验知识、村落、社区等集体层面的生活常识、社会价值观等，这些是人们行为的依据。（鸟越皓之，2009）生活环境主义既强调了环境问题又指明了人作为生活者本身需要得到关注。鸟越皓之认为，人们需要享受现代生活从而填埋湖泊建造公共设施，这二者本身似乎存在不可调和的矛盾，使看似科学的环境治理却和当地居民的需求相差甚远，但如果能从生活者的角度思考，生存的权利，甚至追求现代化的生活并不是一种"罪过"，鸟越皓之纠正了认为"农民、渔民在破坏自然，不可饶恕"等偏激的观点，他认为除去单纯地追求环境保护和完全依赖技术解决污染两种路径之外，还应当对当地居民的生活现状给予高度关注，才能寻找具有可行性的环境治理之道。因此，"生活环境主义"为分析和解决环境问题提供了另一种视角。

同环境公正论的思想相似，"生活者"的视角也发现了环境问题的致害方与受害方是一个复杂的问题，并不能简单地将污染者归为环境污染致害方。在鸟越皓之的研究中以森林保护政策为例，他认为保护森林的恰恰是那些居住地的居民，如果森林保护政策不能满足居民的基本生活需要，那么居民就没有动力和资本去保护森林，很有可能还会由森林保护者转变为破坏者，因此，"把重点放到生活上进行分析的生活环境主义在这里就成了有效的分析模式"。（鸟越皓之，2009：54）生活环境主义既强调了环境问题，又指明了人作为生活者本身需要得到关注，为分析和解决环境问题提供了另一种视角。

二 国内绿色生活方式相关研究

第一，低碳社会理论。这是一种综合性的研究视角，着重于推动整个社会的变革来实现"低碳社会"的目标（洪大用，2014）。自20世纪90年代初，全球环境变暖、降低碳排放的议题出现在公众视野。《联合国气候变化框架公约》和《京都议定书》中的全球气候变暖、资源环境约束、大面积雾霾等重要事件使得降低碳排放成了舆论与学界都极为关注的议题。因此，发展低碳经济、转移产能过大的产业成为一些国家应对气候挑战的一项对策。对发展中国家而言，面临着经济发展与节能环保的双重压力，从经济学上看，使用节能技术、开发新能源、采取低碳减排措施等是目前较为提倡的处理方案。事实证明，低碳经济虽然能够取得一些效果，但仍然具有技术思维的特点，这和生态现代化理论有几分相似性。短期看，我们仍然面对着很多的环境问题，低碳经济虽然试图寻找一种介于经济发展和保护环境之间的相对平衡的生存之路，但整个社会仍不可避免地陷入并且已经陷入了环境困境，自2013年以来的大规模雾霾天气就是证明之一。

从社会学的角度来看，应对日益严重的资源环境压力，需要有整体性思维，"着力推进整个社会系统的变革，致力于建设包含低碳经济等子系统在内的低碳社会"，是比单纯的低碳经济更有益的解决方案。经济系统是社会系统的组成部分，在经济系统改变的同时，如果其他系统未能同时发生改变，经济系统变革的结果很可能化为泡影，或者至少在改变到某种程度上停滞不前。因此，有学者认为应对全球气候变化，在转变经济发展模式的同时，更要注重社会整体的变化，

第二章 绿色生活方式研究回顾

不但要形成低碳经济,还要建设低碳社会,实现经济、政治、文化、生活的整体性变革(洪大用,2014:83)。

第二,消费社会学中的可持续消费研究。在消费社会学领域出现了绿色消费、可持续消费等概念。与之相联系的,是可持续生活方式、绿色生活等概念。他们基本上包含了这样的内涵:一方面含有控制消费数量,适度消费;另一方面还强调尽可能地选择那些可再生的、环保的商品,保证消费行为对环境产生最小的负担。对此,有学者指出合理、适度的消费并不等于苦行主义,通过合理消费让人们获得更多的感受、体验和经历,能够比单纯的物质消费获得更大的满足感。(洪大用,1999)

休闲与消费密不可分,与绿色消费、可持续消费等概念相对应,将休闲方式研究与绿色环保的概念相结合,出现了可持续休闲方式、生态休闲等概念,提倡人类在从事生产活动之余,在休闲活动中也应当遵循保护生态环境、减少污染的原则(李春生,2006)。因此出现了一系列的研究,致力于探讨怎样的休闲方式在能够降低环境负担,又全面满足人类全面、自由的发展需要(于光远、马惠娣,2008;李春生,2006)。

第三,将日常生活的绿色重构设置为环境治理目标。国内已有学者注意到当代社会学理论的实践转向(罗超明,2017;何海冰,2008),并指出实践原则对当代中国社会学研究的重要性(刘少杰,2007),但在绿色生活方式抑或环境行为研究中,还鲜有将实践论与实证研究相结合的尝试。有学者通过对乡村日常生活的考察,提出将日常实践的绿色重构设置为环境治理目标的观点,该学者提出:"任何试图转变社会生活的政策安排都应当立足于重构实践,环境治理的目标应当是重构那些物质密集的日常实践、促进日常生活向环境可持续的方向转型。"(范叶超,2018:46)同时,还有一些关于日常生活实践的研究,尤以对乡村生活的研究居多,都致力于探讨生活方式的改变对环境造成了何种影响(唐国建,2019;王晓毅,2019)。这些研究有一个潜在的基本共识，即通过提高生活领域的环境行为，能够促进整个生活方式向对环境有益的方向发展。

第四，具有中国特色的环境公正论。环境公正研究源于美国"NOT IN MY YARD"运动，主要探讨的是精英阶层与草根阶层在环境问题中受到不公正对待。环境公正论认为，各阶层所面临的环境风险是不一样的，各阶层所拥有的环境资源和环境责任也是不同的，不同主体在环境资源、机会的使用和环境风险的分配上的不一致，正是社会不公在环境问题中的体现。环境公正论倡导主体在面对环境问题时应当平等地享有权利、担负义务。

环境公正论最早源于美国的环境运动，随着民众环境意识的增强，逐渐意识到不同社会群体由于性别、阶层、种族及贫富程度等差异承担着不同的环境风险。随着经验研究的深入，出现了理性选择、社会政治、种族歧视等解释模型。国内也有学者敏锐地观察到环境公正问题在中国存在国际、地区和群体层次的表现，并且指出西方环境公正的研究模型所涉及的种族、国籍等因素不一定适应中国国情，所以应当对环境公正进行抽象理解（洪大用、龚文娟，2008）。但是中国的环境运动与美国的环境运动在发生机制上存在着巨大的差别，前者是由上至下的政府和经营带动的；后者则是由下至上的公民运动过程，而且中国的社会结构、文化背景以及经济发展阶段都制约着环境运动的发展，因此，环境公正理论在中国的实证研究中有着特殊的内容。在经验研究中，不断有学者透过中国的环境问题看到环境不公的存在，获得了众多发现，包括环境风险的分布同组织内部成员的权力结构相关、同阶级阶层结构同构、同社会经济地位差异显著相关等等（龚文娟，2013）。

环境公正论的提出意味着公众开始从环境问题本身扩展到对自身权利的关注。其更深层次的意义表现在，由于环境公正论的提出，使公众对于环境问题的认识加深了，开始意识到环境问题不仅仅是自然环境的恶化，也暴露出社会结构和社会过程存在的问题。由此，环境公正论促使人们在考察环境问题时更加关注社会设置和公民权利的一面。

第五，中国化的"生活环境主义"，国内学者通过丰富的实证研究探讨了中国的"生活环境主义"。王书明等学者也从生活者视角探讨过环境治理问题，他认为仅从技术专家的角度对生态环境的价值进行量化，据此制定环境治理政策是不完善的，应当从居民的利益出发制定环境政策，尊重居民的选择，在此基础上进行环境保护（王书明等，2017）。唐国建等人通过对陕西省某村庄的实地调研，发现技术性治理能够在很大程度上改善村庄的人居环境状况，但有些技术化治理存在表面化运作的问题，非技术性治理仍未能充分尊重村民的生活经验，所以村民在环境治理中的参与意愿不强，主体性未发挥出来（唐国建等，2019）。"生活环境主义"的意义在于，建立了"环境治理的生活基点"（李国庆，2015），从生活环境主义的视角来看，农村环境问题不是单纯的必须禁止的环境破坏问题，也不是一个需要治理的社会问题，而是村民日常生活问题。可见，"生活环境主义"的理论取向是关注生活者与环境的关系，并尝试通过对行动者的干预来改变环境衰退现状。如果没有外界干预，没有实施一系列治理措施，中国目前的城乡环境必然会越来越差，对居民健康造成损失，甚至引起社会震荡。所以，生活环境主义视角有助于研究者和政策制定者理解居民行为，但居民的选择不一定带来整体利益的最大化，很有可能会带来"公地悲剧"，只有在一定的条件下可以实现环境的优化，且其时间和结果都带有很大的不确定性。对此，有学者指出，从行动的后果来解释环境变化是目前国内环境社会学研究的一个重要特征（陈占江，2017）。这个观点具有其科学性，但也有不足，一是忽视了对社会实践的意义的理解，二是忽视了社会文化的作用。

第六，从伦理学的角度研究生态价值观。从伦理学角度探讨生态价值观的文献非常丰富。既有对中国古代的生态价值观的分析，又有对西方马克思主义对人的自由、全面发展的深刻论述。总的来说，人类社会自发展以来,从早期的对自然的敬畏和崇拜到农耕社会的"天人合一"的思想,再到近代工业社会的人类中心主义思想,人类与自然的关系问题一直是生态伦理讨论的中心。有学者形象地以黄色、黑色和绿色来形容人类社会各个时期的形态,提出以生态文明为标志的生活和生产方式是一种超越农业和工业文明的更为高级的文明形态(方世南,2003:7)。生态文明应当有与之相适应的生活方式,绿色生活方式不但体现生态价值观,并且能够对生态价值观的形成与发展产生促进作用。

三 绿色生活方式的形塑机制还有待重新构建

第一,绿色生活方式的内涵还不够清晰。正如前文所述,关于绿色生活方式的研究包含了很多方面,有的研究从消费的角度提出绿色生活方式应当是以绿色消费为核心的生活方式,有的研究从发展的角度提出"可持续发展""绿色社会"等概念,有的研究倾向于对生态文明建设、绿色发展思想、公众环境意识进行阐述,从这些不同视角的研究文献来看,对绿色生活方式内涵并没有较为清晰和统一的界定。而习近平总书记提出"贯彻新发展理念,推动形成绿色发展方式和生活方式"的要求,其首要目标是界定绿色生活方式,分析绿色生活方式的内涵,其次是探讨实现绿色生活方式的路径。

第二,生活领域的环境社会学研究范式还没有完全形成。在环境社会学领域,已经有越来越多的学者开始关注生活领域的环境问题,并尝试在日常生活的背景下探讨环境衰退和环境治理,但与绿色生活方式相关的一些研究变量,如收入水平、文化背景、价值观等分散在各种研究之中,没有形成比较系统的生活方式研究范式。主要原因在于生活方式这个概念和影响在研究中显得比较零散,生活领域的环境行为研究更是分散,二者结合亦不够紧密,因此生活方式视角显得尤为薄弱。

第三,生活方式领域关于环境行为的影响研究更多的是探讨环境行为，对生活方式本身的思考和讨论并不深入。部分研究对于环境行为的生活方式领域的影响因素仅仅局限在统计学意义上的描述，缺少人文关怀和理论探讨，使得生活方式视角下的环境行为研究受到了比较大的限制，未能取得更进一步的发展。仅仅从环境行为入手，探讨如何提高环境行为，就环境行为而讨论环境行为，忽视生活方式本身的作用，并不是彻底的生活方式视角；或者只从消费方式、社会价值观出发去探讨环境行为，对于生活方式的理解并不全面。生活方式并不局限在消费一个方面，消费只是生活方式的一个重要的组成部分。因此，本书旨在把环境行为放置在生活方式的系统中，分别从消费与休闲方式、社会交往和价值观三个方面入手，尽量全面地展示生活方式的多个方面对环境的影响。

第四，绿色生活方式的形塑机制还没有被完全呈现出来。关于生活领域中的环境行为也未被完全地揭示出来，更未做出更加具体的政策、对策层面的探讨。在绿色生活方式的形塑机制、转化研究成果方面还有很长的路要走。哪些因素能够影响生活方式以及环境行为、如何产生影响、具有体现为什么样的影响机制，还没有被完全揭示；另外，在探讨绿色生活方式的内涵与形塑机制的基础上，是否能够进一步进行理论探讨，比如从人类社会发展的轨迹来看，有哪些不同的生活方式类型？绿色生活方式与其他类型的生活方式有何差别和联系？这对于回答人类社会如何能够与生态环境和平共处，达到环境友好型社会的要求，具有积极意义。这些问题也是本书努力探寻的方向。

第二节　环境关心、环境知识、环境行为的相关研究

一　国外相关研究

第一，心理性因素。在心理学上，一个基本的预设就是行为是由其背后一系列的认知、情感、态度等心理学因素决定的。影响环境行为的心理性因素比较多，也是环境行为影响因素研究比较关注的内

容。主要包括环境关心、环境态度等。

环境关心：在相关研究中，人们使用了环境关心、环境态度、环境意识等多种概念，这些概念的内涵既有相近交叉的地方，又有不一致的地方，但其核心思想都是指"人们意识到并支持解决涉及生态环境的问题的程度以及个人为解决这类问题而做出贡献的意愿"（洪大用，2012：1）。最初许多学者认为环境关心对环境行为具有较强的影响关系，因此在很多研究中把环境关心与具体的环境行为区别看待，将其作为研究的主角。随着研究的展开，环境关心对于环境行为影响获得了截然相反的两种认识。一种研究结论显示环境关心对环境行为具有显著的促进作用（Hawthorne & Alabaster，1999），还有一些研究发现环境关心与环境行为的相关性很低（Dunlap & Van Liere，2000；洪大用，2006）。

Schultz等人从心理学的角度将与环境态度划分成两类：特定环境态度（specific cenvironmental attitude）和一般环境态度（general environlnental attitude）。前者指对某种特定环境行为所持的态度；后者是指个体对于环境问题的普遍态度（Schultz，1999：255 – 276）。Tanner等人针对瑞士Bem市居民做了一项绿色消费行为调查，结果发现居民的绿色消费观念比一般环境态度更能影响绿色消费行为的实现（Tanner，1980）。与特定环境态度相对，一般环境态度的内涵更为宽泛，是指在普遍意义上的个体对环境和环境问题所持有的态度。如环境关心、环境意识等都可以划归在一般环境态度之列。其中，环境关心的研究最为广泛和深入。20世纪70年代末，Dunlap与Van Liere提出新环境范式（New Ecological Paradigm，NEP），它与人类例外范式（Human Exceptionalism Paradigm，HEP）相反，强调环境因素的重要性是秉承了对生态环境的信念。新环境范式（NEP）的主要观点是：自然环境与人类社会都存在限度，人类是自然界中的一员，要维持生态平衡，不要试图统治自然。Dunlap等人认为，只有人类彻底改变对于自然和环境的态度，即从人类例外范式转变为新环境范式，才有可能实现与自然的和解（Dunlap & Liere，1978：10）。因而，环境关心作为人类对于环境的一般态度逐渐受到学界重视。Dunlap 与 Van Liere 提出了包含12个题目的 NEP 量表用于测量环境关心这一概念，量表包括三方面的内容：对增长极限的看法，对生态平衡的看法和人类与自然关系的看法。随后，NEP 量表被越来越多的学者所用，后又得到诸多学者的反复修正（La Trobe & Acott，2000：12-20），洪大用根据中国的实际情况采用验证性因素分析（CFA）的方法对 NEP 量表进行了修订，并获得了一些与西方学者有差别的发现（洪大用，2012）。在环境关心与环境行为的关系问题上，较多的研究表明环境关心与环境行为不存在相关性或相关性极低（Dunlap & Van Liere，2000；洪大用，2006）。

环境价值观：价值观对环境行为的影响是环境心理学的关注点，主要有两个研究传统：一是 Schwartz 等人对个人价值体系和价值结构对环境行为影响的研究；二是 Inglehart 开创的后物质主义价值观对环境行为的影响研究。

Schwartz 开发了一套个体价值观体系量表，包含10种价值观、共52个题，"通过实证研究发现这10种价值观可以划分为四个维度：自我超越（Self-transcendence）、自我增进（Self-enhancement）、开放（Openness）和传统（Tradition）"（Schwartz，1977：221-260）。Schwartz 应用个体价值观体系量表对居民的垃圾管理行为进行了研究，发现持有集体主义价值观或具有自我超越维度的个体，比那些持有个人主义价值观的个体更愿意作出牺牲，完成那些需要与人合作的、利他的环境行为。

相对而言，大学生、同一个城市的居民这类群体同质性较强，在对异质性群体的研究中，所具有的不同类型的价值观对环境行为的影响是否依然显著呢？有学者提出中国人特有的关系导向价值观的特点是集体主义观念至上，中国文化强调个人利益服从集体的利益。在面对环境问题的时候，能够更好地表现出与他人合作的精神（Louis，

2010：145-146）。Jenkins 指出，传统的中国文化中天人合一的观念，以及中国人对待环境的态度，很接近生态中心价值观，因此东方文化较之西方文化更具有环境主义倾向（Jenkins，2002）。

20 世纪六七十年代，Inglehart 提出了"后物质主义"（Post-materialism）社会和政治价值观，并指出持后物质主义价值观的个体要比物质主义者具有更高的环境关心水平（Inglehart，1995：57-71）。他认为当人们的物质生活逐渐被满足之后，人们的观念中会形成一种"后物质主义"观念，与"物质主义"强调经济增长和物质满足不同，"后物质主义"更强调自我实现和生活质量，因此，"后物质主义"价值观会促使人们降低对物质追求的注意力，而把精神更多地集中在对非物质追求的关注上来，环境问题就是引起关注的问题之一。一些学者对 Inglehart 的理论进行了检验和进一步的探讨，并未取得一致性的结论。在伊斯坦布尔进行的一项研究则表明，是物质主义价值观而非后物质主义价值观影响着居民的环境关心水平，后物质主义价值观与环境认知没有相关性，仅与环境行为意向呈正相关（Y. Wang，2016：580-593）。

环境知识：实际上，环境知识与环境行为是否显著相关，这一问题在学界还存在较大的争议。存在区别明显的两种认识：一类研究发现环境知识直接对环境行为产生影响，二者正相关；另一类研究表明环境知识要通过环境态度变量才能够影响环境行为。为了更为具体地分析不同层次的环境知识对环境行为的影响，Hines、Marcinkowski 等人将环境知识分为三类："一是自然环境知识：包括生态、生物学的知识；二是环境问题知识，即人们对于环境问题的认识程度；三是环境行动知识，指人们对于如何采取环境行动的认知。"（Marcinkowski，2001）。在三种环境知识当中，环境问题知识对环境行为的影响最大。Hines 的研究表明，环境知识和环境行为正相关，相关系数为 0.299。因此，Hines 对"认知—态度—行为"模式提出了异议，他认为环境知识可以直接影响环境行为（Hines，1986/1987）。Frick 和 Kaiser 通过实证研究发现,环境行动知识与环境行为的相关性最高,因为自然环境知识和环境问题知识必须通过环境行动知识才能发生作用(Frick,Kaiser & Wilson,2004:1563-1597)。

基于社会心理学的"认知—态度—行为"模型,Bang 和 Ellinger 研究了消费者对可再生能源的付费意愿,研究发现,支持可再生能源消费的人其主要影响因素来自于环境态度,而非环境知识。因此,他们推断,关注环境问题的人并不明显具有较高的环境知识,一个可能的解释是环境知识需要研究、学习的过程,并不是每个消费者都有机会经历这样的学习过程,而环境态度则具有更多的内生因素。

环境责任感:环境责任感是指个体采取环境行为改善环境问题的责任感和道德感。早期的研究发现,道德责任感与环境行为正相关。Schwartz 通过对居民垃圾回收行为的研究,提出了道德规范激发理论(Norm-activation theory of altruism),该理论认为个体受到道德规范的影响,能够实施有利他人的环境行为。Hines 综合以往的研究结论,发现具有道德责任感的人实施环境行为的可能性更高(Hines,1986/1987)。在更近的研究中,基于道德规范激发理论(Norm-activation theory of altruism),Stern 提出了价值—信念—规范理论(Value-Belief-Norm theory of environmentalism)。该理论认为,由个体规范而产生的环境责任感是环境行为实施的基础。VBN 理论考察了从一般价值观到新环境范式(NEP),再到个体对降低负面结果的信念,最终激活个体规范的过程(Stern,2000)。

第二,结构性因素。如果说心理性因素是影响环境行为的内因,那么结构性因素主要是指影响环境行为的外因。包括生活经验、阶层地位等。

生活经验:生活经验变量来源于教育学家为促进环境教育而提出的改进人们环境行为的观点。环境教育学者认为有一些生活经验可以帮助培养个体实施环境行为,在环境教育中可以尝试将加入这些生活经验作为提高环境行为的手段(许世璋,2003)。

Tanner 在 20 世纪 80 年代进行了生活经验变量的研究，他选择了四个环保组织的干部和职员进行了问卷调查，分析发现被访者在回答影响他们从事环保事业的影响因素中最重要的是与自然的接触程度和频率，其他影响因素依次为父母和老师的影响、环保类书籍和其他环保人士的影响以及心爱的地方消失不见（Tanner，1980）。Tanner 的研究虽然影响不大，但他的思路为后来生活经验研究提供了重要参考。

随后，英国学者 Palmer、美国学者 Chawla、Corcoran 等人都就生活经验变量作了一系列的研究，结果发现家人、老师、同事朋友、书籍报刊、宗教信仰、环保组织、教育经历、与自然的接触等生活经历都是影响环境行为的重要变量（Palmer，1996，1999；Chawla，1999；Corcoran，1999）。

阶层地位变量：在不同的社会结构和文化背景下，阶层地位与环境行为的关系是莫衷一是的。较为普遍的观点是社会阶层地位越高，则环境关心和环境行为水平越高。但同时也有不一样的观点，认为较低的社会阶层更关心环境质量。学界从马斯洛需求层次理论、相对剥夺理论等对这种观点进行了解释，不同的理论也存在争论。

马斯洛需求层次理论认为，人只有从较低的需求中解放出来，才能具有实现较高需求的动力。由于阶层地位较高的群体已经不断地实现了生理需求、安全需求等较低的需求，所以会追求更高的需求，比如关注生存环境质量、生态安全、进行环保活动等。而阶层地位较低的群体则关注生存和安全需求，无暇顾及更高的需求（马斯洛，2010）。

相对剥夺理论则认为地位较低的群体由于生存环境较差，因而对环境问题的承受能力也更强；而阶层地位较高的群体则与之相反，对环境问题比较敏感，从而更容易做出反应，采取积极的行动解决环境问题（Van Liere & Dunlap，1980）。国内的学者具有完全不同的结论和解释，有学者指出在中国政经一体化的社会格局下，各阶层面临环境问题的时候具有不同的反应，底层的社会群体无力控制污染，而阶层地位高的群体则因为利益关系选择逃避和无视环境问题，最终的环境恶果则交给了社会底层的人（张玉林，2006）。

还有学者对此作出了相反的解释，认为正是那些社会阶层较低的群体在污染和恶劣的环境中生活，因此他们更有可能做出积极的，甚至激烈的反应；而地位阶层较高的群体本身已经远离污染，他们有可能看不到或者感受不到污染问题的存在，因此无法做出适时的环境行为（Pellow，1997）。20世纪80年代在美国展开的"NOT IN MY YARD"运动，就是发起于社会底层，后由精英阶层带动的环境运动。在这个运动中，各个阶层的利益关系和对待环境问题的态度对社会阶层与环境行为的关系问题作了很好的注解。

地区差异：学界对于环境行为的地区差异主要集中在城乡差异、城市之间的差异和居住地差异三个方面的探讨。有学者发现，城市居民较之农村居民在环境知识、环境问题意识、环境态度等方面占有较强的优势，因而城乡居民的环境关心和环境行为存在差异，一般来说，城市居民比农村居民更关注环境问题（Arcury & Christinason，1990：591）；城市的规模和类型也影响到居民环境行为的水平，由于不同规模、不同类型的城市环境污染程度不同，一般说来，大城市居民环境行为水平要高于中小城市（Howell & Laska，1992：134-144）；持污染驱动论的学者认为，环境关心和环境行为是由一定的社会基础决定的，持续的环境恶化以及突发的环境事件都会促使公众环境关心和环境行为的觉醒。

二 国内相关研究

中国学者对环境行为的关注与西方相比开始较晚，2000年以前关于环境行为相关的研究成果仅为5篇，环境关心（环境意识）的研究更多一些，大致为130篇；2000—2005年环境行为的研究为97篇，环境意识研究大幅度增长，大致为400篇；2005以来，环境社会学发展迅速，对环境行为和环境意识的相关研究也大幅度增长，分别为168篇和627篇。除了研究论文以外，还涌现了许多学术专著，环境行为的研究取得了较大的进步。其中，与生活方式相关的环境行为的影响因素主要分布在三个领域：一是政策取向视角，二是文化背景视角，三是社会基础因素。

第一，政策取向视角。为了了解公众环境意识、环境行为的基本情况，更好地加强环保宣传、促进环保工作的展开，20世纪90年代，我国在全国范围内开展了一系列针对公众环境意识、环境态度、环境知识、环境行为的社会调查，比较具有代表性的是1995年首次全国环境意识调查、1998年全国公众环境意识调查、2007年中国公众环境意识调查以及多次中国社会综合数据调查（CGSS）。调查发现：首先，我国公众环境意识水平和环境行为整体较低，城乡居民的环保行为往往是消极被动的（中华环保基金会，1998：154）；其次，公众的环保意识呈现出明显的对政府部门的依赖，即公众的环境意识、环境知识水平依赖于政府的宣传和引导，在环保工作上公众对自身应该做、如何做缺乏清晰的认知（国家环境保护总局、教育部，1999）；最后，我国的环境保护工作隐含着四个矛盾，即经济发展与保护环境的矛盾、个体环保意识强与群体环保意识弱的矛盾、个体投入少与国家投入多的矛盾、主张依法环保与环保法律知识缺乏的矛盾，这些矛盾的存在直接导致了居民环境意识与环境行为的脱节（中华环境保护基金会，1998：155）。另外，张志坚等人采用公共事务管理框架（Public Affairs Management，PAM）讨论了经济、社会与政治系统对居民环境行为的影响，发现政治系统对居民环境行为的影响最大，从改变公共政策的角度实现居民环境行为水平的提升最为可行（张志坚、林锦郎，2016）。

第二，文化背景视角。作为社会成员，个体行为是嵌入社会结构之中的，这里所说的社会结构，包括经济地位、物质条件、文化背景和价值理念等。尤其是文化背景和价值理念对环境行为产生了较大的影响。马戎（1998）、景军（2009）等人对民间环境意识、传统价值伦理、文化传统等因素进行了考察，均得出了较为一致的结论，即文化传统、生活习俗、民间信仰、社区规范等对环境意识和环境行为具有直接的影响。陈阿江通过对水污染治理的研究，发现在农业传统社会下，生产与生活方式以及村民共同遵循的村规、道德都有效地约束着人们日常生活中的行为，使得水域在相当长的传统社会中保持清洁，随着工业社会得渗入，不仅生产方式转变了，生活方式变迁、传统伦理丧失加剧了水域的污染（陈阿江，2008）。陈阿江还揭示了污染转向的文化逻辑：当外源污染持续污染时，不仅对环境产生了负面影响，而且也挑战和瓦解了传统生态规范和生态伦理，最终改变了当地人的日常生活，使当地人也被动地参与环境污染，由此完成了外源型污染向内源型污染的转变（陈阿江，2007）。王泗通考察了南京混合型社区和单位型社区居民的环境行为，发现在教育水平、收入水平等相近的情况下，居民环境行为在私人生活中相似，在公共场合却存在较大差异，他认为这主要是与社区类型相关，并提出熟人社会的约束作用和归属感是产生差异的主要原因（王泗通，2016）。

第三，社会基础因素。所谓社会基础因素主要是指年龄、性别、文化程度、经济收入、社会阶层、城乡、地区差异等基本的社会结构变量。龚文娟从社会化理论出发，考察了当代中国居民的环境行为，发现女性的环境行为要高于男性，且女性的环境行为更倾向于日常生活相关的行为（龚文娟，2008）。关于社会基础因素对环境行为的影响，彭远春的研究更为系统，他结合了环境行为的社会心理因素和社会结构因素，提出私域环境行为与公域环境行为的综合影响模式，他认为"心理性因素与结构性因素都直接影响着私域环境行为与公域环境行为，且结构性因素亦通过心理性因素对二者产生间接影响，但私域环境行为与公域环境行为在具体影响因素及其内在机制方面存在一定差异"。（彭远春，2013：184）洪大用、肖晨阳等人对环境友好行为的社会基础做了更为全面的研究，通过环境关心的测量、性别、年龄、居住地、信仰约束等多个方面考察了环境关心和环境行为的影响因素，得出结论：首先，西方环境社会学界所使用的量表等研究工具在中国不能完全照搬；其次，环境关心是一个复杂的概念，研究提出了四个维度，即全球环境问题感知、当地环境问题感知、经济发展和环境保护的有限选择和新生态范式（NEP）价值观（洪大用等，2012）。

三　环境行为等因素在生活方式领域的研究还有待拓展

第一，对环境行为类型的研究还有待创新。对于环境行为进行类型划分是进行研究的基础，中西方学者主要从参与的难易程度、场景、实施方式三个方面进行了划分和研究。首先，根据公众参与的难易度划分。包括积极参加环境建设、参与环境监督、严格执行环保法律等多个方面不同程度的环境行为。其次，根据公众参与的场景划分。2005年中国公众环保民生指数调查则认为环保公众参与包含个人空间、私密空间、社区空间和公共空间环保参与行为四种。2006年的全国公众环境意识调查则将公众环保参与行为简化为日常生活习惯和社会参与方式两个方面（国家环保总局宣教中心，2006）。肖晨阳、洪大用将环境行为分为公共领域和私人领域两个方面，发现性别对不同环境行为产生的作用（肖晨阳、洪大用，2007）。彭远春则在此基础上详细探讨了婚姻、性别、年龄等人口学特征与环境行为发生频率的关系，发现男性较女性实施了更多公共领域环境行为，而在私人领域二者不存在较大差异；年长者更关注私人领域环境行为，而年轻人则对公共领域的环境行为更为关心；未婚者普遍实施更多的公共领域和私人领域环境行为（彭远春，2013：79 - 94）。根据发生场景来划分环境行为同西方学者公领域和私领域的划分有相通之处。最后，根据实施方式划分。主要包括生产领域的环境行为和生活领域的环境行为。前者是指与人们生产活动相关的、在生产领域发生的有利于环境的行为。从生产关系和生产行为的视角来分析环境问题，仍是

第二章　绿色生活方式研究回顾

目前许多研究中坚持的研究视角；后者是指与人们的生活密切相关的、在生活领域中发生的有利于环境的行为（崔凤等，2010）。综上所述，不难发现环境行为的划分比较注重环境行为的具体内容和是否能够实施两方面。其缺点在于未能在理论层次深入探讨环境行为的内部层次和逻辑，本书希望在这一方面有所加强。

第二，环境关心、环境知识和环境行为研究偏向生产领域，急需更多的生活方式视角的研究。在生活方式领域发现环境行为的影响因素。无论国内还是国外研究，关于环境行为地研究主要集中在生产领域，国外比较主流的研究范式包括：生态现代化理论、风险社会理论等；国内影响较大的研究成果包括：政经一体化、国家开发主义、文本实践论等。这些理论在一定程度上发现了许多个体以及集体的环境行为的影响因素，并作出了相应的解释，但这些理论仍然存在一些不足。

比如生态现代化理论中，一系列的成功经验使得生态现代化理论在亚洲一些国家也得到了不同程度地借鉴和采纳。中国现代化实践强调经济与环境的协调发展，因而具有生态现代化取向。张磊等人从生态现代化理论出发，考察了当代中国公众、政府及社会组织在环境治理中的作用，认为环境共治的发展理路对于中国现今的国情具有重要的理论创新和借鉴意义（张磊等，2013）。但生态现代化理论在迅速发展的同时，批判和质疑之声也不绝于耳。中国政府虽然关注经济与环境协调发展的制度设计，但作为发展中国家，在经济、社会、政治和文化等许多方面与西方社会存在较大差异，因此，能否直接推进生态现代化的社会改革，还有待实践和反省。（洪大用，2012）

政经一体化从体制/制度层面解释了当前中国的环境问题，研究了体制/制度与环境污染之间的深层关系。政经一体化在解释早期地方环境污染和政府治理失效的问题上具有一定的说服力，尤其在分析基层政府的困境上，作了比较全面和深入的分析（张玉林，2006）。但近年来，环境问题受到各级政府和公众的重视，政府部门提出的各项环境治理政策和措施、产业升级和技术水平的提高、非政府组织的干预性环境行为、公众环境意识和环境行为的提升以及大众传媒的发展，一系列不同主体的环境行为都对环境问题的发展方向产生了影响，仅仅从体制一个层面来理解环境问题已经不全面了。

第三，环境行为的影响因素研究在生活方式领域还需要继续系统化和理论化。一方面，从已有的研究中不难发现，虽然许多研究模型涉及生活方式领域的研究变量，但实际上研究者在研究设计上，并非完全从生活方式视角出发，生活方式的相关变量只是零散地分布在不同的研究之中，系统化的研究不足，对于寻找环境行为在生活方式领域中的影响因素是不利的；另一方面，对于这些生活方式的相关变量也较少从生活方式领域的理论探讨，大多集中在从环境行为本身上，寻找提高环境行为的路径，而忽略了生活方式的革新，从而降低了在生活方式领域提高环境行为的可能。

第三章　中国当代居民生活方式变迁及其对生态环境的影响

现代化理论是一种内涵十分广泛的理论体系，它的核心内容是阐明人类社会在工业革命以来所经历的诸多变革过程中所形成的某些特征，这些特征表明国家、民族、社会实现了由传统向现代的转变。早期现代化理论具有三个特点：一是"一元化"模式，把现代化看作一种普世性的模式，只承认现代化的合理性；二是"单线演进"，认为任何国家、民族都要经历现代化的过程；三是否定传统，非传统即现代，认为二者是一种对立关系，传统是现代化的障碍，现代化是对传统的超越，这种超越是必然的，也是合理、有益的。早期对现代化理论的认知无疑是狭隘、片面的。现代化不等同于"西化"，依附理论、后现代化理论等均对现代化理论提出了批评和反思。现代化不应该是一个一成不变的概念，随着人类的实践和认知的深入，现代化的内容应当被不断丰富和完善；现代化也不是一个单一的概念，现代化不等同于"西化"，不同国家、不同地区都会走上不同的现代化之路。

对于中国的现代化问题，费孝通曾提出两个条件：一是物质条件，指中华人民共和国成立早期领导人所提出的工业、农业、国防、科技四个现代化，二是精神条件，即民主、文明的政治氛围和社会氛围。费孝通先生提出的中国现代化的两个条件其实也就指明了中国现代化应当包含的内容，即物质层面和精神层面两个方面，二者缺一不可，仅仅实现了物质层面的现代化，那么就是不全面的现代化（费孝通，1984）。就此，胡鞍钢认为，现代化应当是全社会的现代化，所谓全社会的现代化，一是指现代化不仅是经济现代化，还是政治、文化、社会、生态文明和人的现代化。二是指现代化不是一部分人的现代化而是全体社会成员的现代化（胡鞍钢，2015）。因此，所谓现代化从内容来看应当包含许多个层面，从实现范围来看应当涵盖各个群体。关于现代化的内容，金耀基认为，中国的现代化运动，本质上是一种文化与社会的变迁。他将中国的现代化分为三个层次，一是器物技能层次（technical level）的现代化，二是制度层次（institutional level）的现代化，三是思想行为（behavioral level）层次的现代化（金耀基，2013：9）。金耀基所提出的现代化的三个层次既是现代化在中国发端以来的先后顺序，同时也涵盖了中国现代化的主要内容。金耀基认为，"这三个层次在事实上是不能清楚地划开来的。器物技能，制度与思想行为常是不能分的，也是彼此影响的"。

综合来看，现代化是一种"集大成"的过程，学界普遍认为，第一次现代化是从农业向工业社会过渡的过程，第二次现代化是从工业社会向知识社会或信息社会过渡的过程（金耀基，2013；胡鞍钢，2015）。所谓"集大成"，是指在这两次现代化的过程中都包含着许多内容，诸如工业化和信息化、城市化以及思想文化、价值观的变迁等。在这个过程中，现代化对社会生活产生了巨大的影响，居民的生活方式发生了一系列的变迁。结合诸多学者对现代化内涵的论述，本书将从器物、制度和价值观三个方面，具体表现为工业化、城市化和现代性三个方面论述现代化对一般意义上的当代居民生活方式的影响。

第一节　当代中国居民生活方式变迁的社会背景

郑杭生较早地提出了"转型中的中国社会"（郑杭生，1997）这

第三章 中国当代居民生活方式变迁及其对生态环境的影响 ◆◇◆

一概念,他认为,中国的社会转型是指社会结构和社会运行机制从一种形式向另一种形式转换的过程,同时,社会转型也包括价值观和行为方式的转换;郑杭生及其学术群体认为中国社会转型始于1840年,1840—1949年为第一阶段,1949—1978年为第二阶段,1978年至今为第三阶段;其速度、广度、深度、难度和向度可以作为评价不同阶段社会转型的重要维度。(见表3-1)

表3-1　　　　　　中国社会转型度在不同转型时期的表现

	第一阶段 1840—1949年	第二阶段 1949—1978年	第三阶段 1978年至今
速度	低速或慢速	中速	高速或加速
广度	片面	相对片面	全面
深度	表层	较深层	深层
难度	军事上的难度	建设上的难度	建设上及利益调整的难度
向度	寻求资本主义现代化道路和模式	接受苏联式社会主义现代化道路和模式	探索中国特色的社会主义现代化道路和模式

注：转引自洪大用《社会变迁与环境问题——当代中国环境问题的社会学阐释》,首都大学出版社2001年版,第67—68页。

本书所要探讨的生活方式变迁主要是指社会转型的第三个阶段,即1978年至今。洪大用认为,"这一加速期不是短暂的,它将持续相当长一段时间,从而对中国社会的各个方面产生深刻而广泛的影响"(洪大用,2001:69)。他在其专著《社会变迁与环境问题——当代中国环境问题的社会学阐释》一书中将环境问题放在社会转型的分析框架之下,从社会结构转型、社会体制转轨、价值观念变化三个大的方面分析了社会转型与环境问题的关系,从计划到市场、从集权到分权和当代中国二元控制体系的转变对环境的影响,以及道德滑坡、消费主义、短期行为和流动变化对当代中国环境的影响。在这个条理清晰的分析框架之下,社会转型与环境问题的关系呼之欲出。笔者在本

◆◇◆ 中国当代居民绿色生活方式的构建

章也试图采用其中的一些分析框架,将这一针对环境问题研究的社会转型范式套用在生活领域的环境问题研究之中,首先就社会转型对个体生活方式的变迁影响作以简单的探讨。

综合来看,工业化、城市化与价值观是改变生活方式最为重要的三个推动力。而三者之间也存在着关联性。工业化的发展导致了人口的积聚,从而推动了城市化进程,生产方式的变革和城市化进程的加剧都促进了价值观的改变。在工业化、城市化和价值观的变革过程中,改变着中国当代居民的生活方式,同时在形成中的生活方式与环境问题有着密不可分的联系。

一 工业化对生活方式的影响

在探讨中国当代居民的生活方式变迁及环境问题时,不可避免地要讨论中国当代的工业化问题。与发达国家相比,中国的工业化具有明显的后发国家的特点:第一,工业化速度快,较之西方国家用了近两个世纪的时间实现工业化,中国的工业化只有短短百年历史,从增长速度的角度看,中国的工业化从 1949 年开始提速,在半个世纪内实现了质的飞跃,进入 21 世纪,由于已经具有了一定的工业基础,年增长率在 21 世纪初为 8.8%,2010 年前后约为 17.1%,2015 年为 12.75%[①]。与发达国家相比,1910—1980 年这一时期,世界的工业总产值增加了 12 倍,同期中国工业总产值增加了 10 倍;1980—2012 年这一时期,世界工业总产值仅仅增加了 2 倍,而中国却增加了 30 倍(徐毅,2015)。如此快速的工业化,使得生产领域和生活领域中同时存在着只计经济利益、不计环境后果的短期行为,使得环境问题在生产和生活领域同步加深了。

第二,从产业布局来看,中国走的是"优先发展重工业"的道路,对能源结构的影响触及生活方式领域。中华人民共和国成立初期

---

① 数据来源:根据历年《中国统计年鉴》"全国工业总产值"指标计算得出。

第三章 中国当代居民生活方式变迁及其对生态环境的影响

以基础工业为主，改革开放以后转向了制造业，21世纪以来才开始产业结构转型。中华人民共和国初期以重工业为主的发展模式，导致能源和原材料的需求巨大，从而推动了石油、煤炭、冶金、化工等领域生产大幅度增长。工业化带来的不仅仅是生产领域的变革，同时也改变了人们生活能源的获取方式（见图3-1）。从总量上看，人们生活能源消耗总量大幅度递增，1990年的能源消费总量是15799万吨标准煤，2013年已经达到了45531万吨标准煤，增加了近百分之二百。但从主要能源构成上看，煤炭的消耗量逐渐降低，液化石油气、天然气、煤气、电力等能源的消耗量逐渐上升，煤炭的主要能源地位正在慢慢改变。1949年以来，煤炭在能源生产和消费上的比例一直维持在70%左右，2005年仍占63.8%。我国能源结构的现状就是富煤、贫油、少气，由于成本和技术等问题，新能源开发少，利用率低，至少在21世纪头30年内，煤炭依然占据主要能源地位，从近年来日益严重的雾霾、烟霾等情况看，工业化模式所形成的能源结构确实大大加重了环境负担。

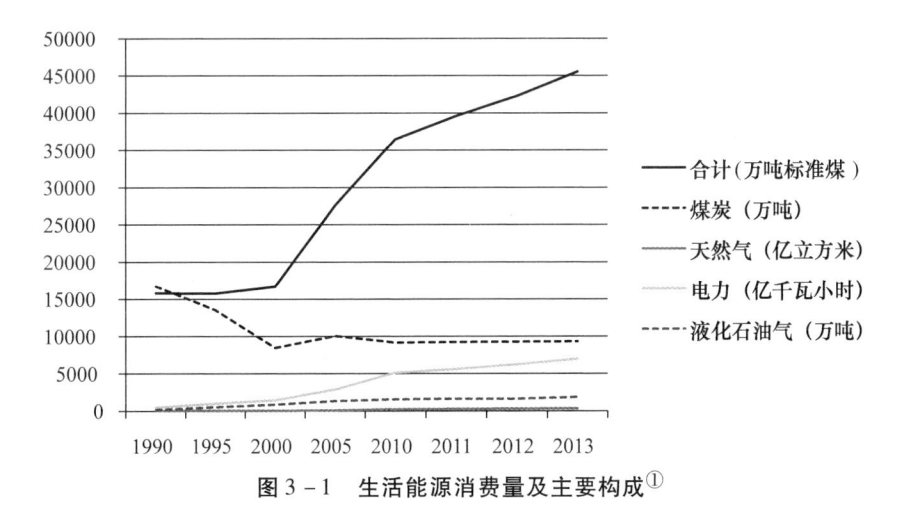

图3-1 生活能源消费量及主要构成[①]

---

① 数据来源：中华人民共和国国家统计局，《中国统计年鉴2015》，9—12 生活能源消费量，国家统计出版社2015年版，第114—115页。

第三，工业化改变了自给自足的生活资料获取方式，生产方式的改变带来了生活方式的变革。家庭生活逐渐被社会生活取代，更多的工业产品，比如洗衣机、电饭煲等使得女性获得了更多的时间和精力，甚至可以放弃家庭主妇的身份参加工作。由大规模生产带动的大规模消费，并最终演变为消费异化。消费—丢弃—再消费—再丢弃，大量消费品的产生和消耗最终成了环境的负担。

二 城市化对生活方式的影响

城市化"通常是指伴随人口集中，农村地区不断转化为城市地区的过程"。（郑杭生主编，2005：299）城市化伴随的是城市数目的增加、城市人口和城市用地规模的扩大以及城市人口在总人口的比重上升等指标。其中，城市人口比重上升，同时农村人口比重下降是一个最为显著的城市化指标。城市化进程带来人口的流动，由图可见，城市人口比重呈显著增加态势，农村人口比重则迅速减少，城市化进程加快（见图3-2、图3-3）。当然，城市人口增加一方面是城市化的结果；另一方面也与整体人口增加有关；同时，中国现行的严格的户籍制度，实际上会影响对城市人口数量的判断，也就是说，许多生活在城市里的农村居民以打工者的身份在城市化建设中扮演着重要的角色，无论是城市建设，抑或消费市场都有他们的身影，因此，仅仅从城市人口增加这一方面判断城市化进程并不十分准确，城市人口可能比这一比率还要高。在这种情况下，城市的主流生活方式实际上带动和影响了农村的生活方式。

首先，快速城市化加剧了生活领域的环境问题。如图3-2所示，大量农村居民进入小城镇和大城市，但往往由于缺少市民意识，缺少对公共空间的关心，他们在生活中不经意的行为却常常造成脏、乱、差的生活环境。在城市管理中，大量人口流动所导致的治安问题、环境问题，在相关新闻报道中频频出现。这一点我们可以用奥格本的

第三章　中国当代居民生活方式变迁及其对生态环境的影响　◆◇◆

"文化堕距"来解释。工业化、城市化往往可以快速地提高某个国家或地区的经济发展速度，快速改变社会结构，然而社会规范和价值观则很难在短时间内改变，这就造成了物质文明与精神文明的不协调发展，微观层面则表现为居民的自身素质难以跟上城市化的步伐，欠缺市民意识和对公共生活的参与，从而使生活方式在价值观层面还停留在传统社会上，由此造成了与城市生活不适应的现象。

其次，快速城市化，尤其是小城镇的快速发展，引发的城市生活方式的盛行加剧了环境问题。城市生活方式的盛行，主要受到商业扩张、人口流动和现代传媒的影响，现代工业制品、消费品、流行文化和价值观等使城市生活各个方面都迅速向小城镇和农村地区扩散，城市生活为城市和农村的更多居民所接受，成为主流生活方式。但在使用这些工业制品、消费品的同时，城市和农村居民往往不具备足够的环境知识，对这些物品对环境的影响知之甚少，比如生活中常见的电池和作废的家电产品随意丢弃、甄别不出无氟冰箱与普通冰箱等，由此造成其一味追求舒适、整洁的生活方式，却无形中对环境造成了伤害。

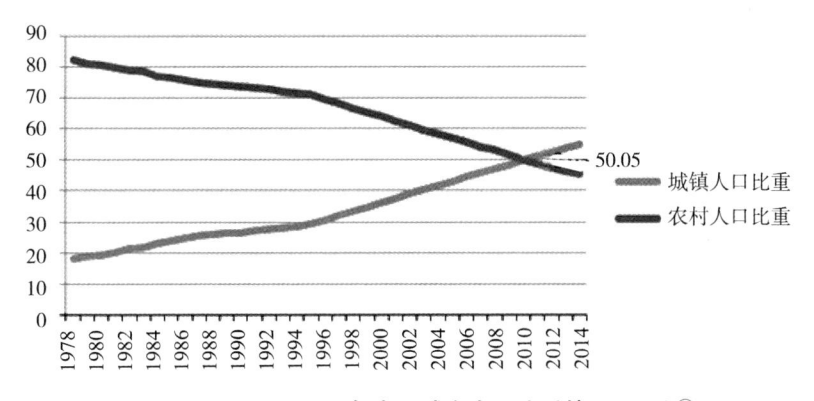

图3-2　1978—2014年中国城乡人口比重情况（%）[①]

[①] 中华人民共和国国家统计局：《中国统计年鉴2015》，2—1人口数及构成，国家统计出版社2015年版，第98页。

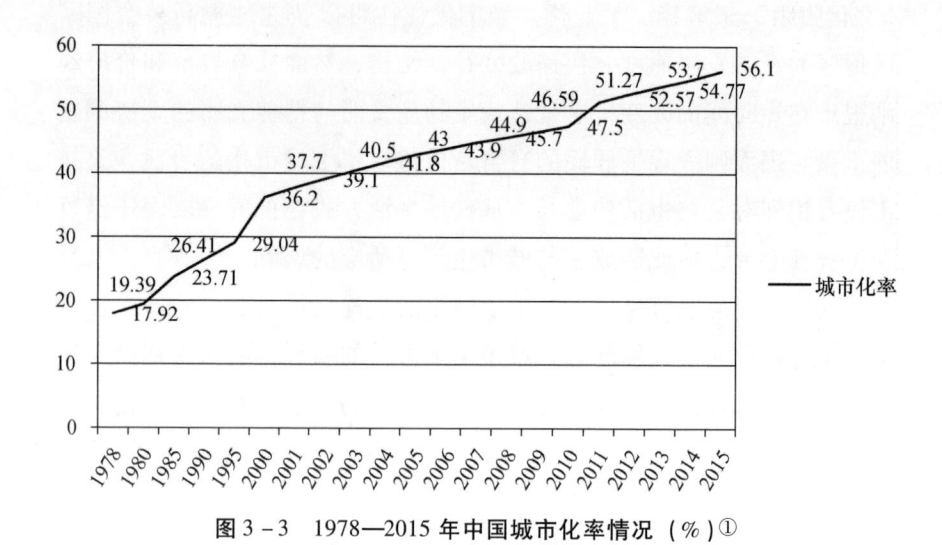

图 3-3 1978—2015 年中国城市化率情况（%）①

三 价值观对生活方式的影响

改革开放之初，中国主流社会价值观发生了由缓到剧、由浅入深的转变，形成了从同质到异质、从一元到多元、从精神到物质、从集体到个体的价值观转变。首先，改革开放以来，社会传统稳固的秩序被打断，经济、政治、文化、社会领域发生快速而深刻的变革，因此，社会主流价值观也随之改变。在传统的稳固的社会秩序中，很难找到非理性、非主流存在的空间，非理性的情绪在主观与客观上都受到压制，改革开放以后，经济社会日趋繁荣，人们的价值观开始由同质单一向异质多元转变；其次，西方文化迅速影响主流价值观，随着改革开放，西方的经济、技术和思想文化一起涌入中国，不同文化的涌入对同质单一的价值观产生了巨大的冲击，同时也为人们认识和接受一些其他种类的文化和价值理念提供了选择，以阶级意识为主导的单一价值观逐渐瓦解，形成了多元价值观；复次，改革开放以前，中

---

① 中华人民共和国国家统计局《中国统计年鉴2015》，5—6 城市化率，国家统计出版社 2015 年版，第 130 页。

国社会以政治斗争为中心,"实现社会主义"是全社会的共同理想,不断涌现"铁人精神""大寨精神"等价值导向的精神领袖,对当时的社会个体产生了比较深的影响,而改革开放之后,精神追求逐渐被物质追求所取代,价值观也随之改变,物质主义价值观盛行起来;最后,在改革开放以前的计划经济时代,社会的价值观是单一的,以社会为本位,集体、国家、社会为重,个人为轻,强调个人利益服从集体利益。从当时盛行的流行口号就可见一斑,"国家拿大头,集体拿小头,个人拿零头""个人的事情再大也是小事,集体的事情再小也是大事"。在整个社会秩序中,强调个人服从社会,"我是革命的一块砖,哪里需要哪里搬""一切听从党的召唤"等一系列口号都是当时单一的、社会本位的价值观的集中表现。

另外,网络时代的互联网技术对人们重塑价值观产生了更为深远的影响,互联网技术的引入为人们打开了一扇巨大的思想大门,每个人都有机会进入新的认知领域去了解主流价值观以外的事物,从而更加快速、彻底地改变了同质单一的价值观,转而向异质多元而发展。

但必须说明的是,异质多元的价值观往往是良莠不齐、喜忧参半的。人们在发现了另一个更加丰富多彩的世界的同时,却发现每一朵盛开的鲜花凋谢之后也许会结出一个丑恶的果实,消费主义、实用主义、道德滑坡、短期行为和流动变化对于当代中国环境的影响是深远的(洪大用,2001:119-130),这些价值观通过改变生活方式——比如消费主义价值观影响下的消费异化——而产生了更多的环境问题。

第二节 当代中国居民生活方式的变迁

在现代化建设中一直存在这样一个悖论:要进行现代化建设,必然需要走工业化、城市化之路,就必然导致物质主义的形成和扩散,而物质主义就会导致伦理道德的沦丧和生态环境的危机;如果要保存伦理道德和生态环境不被破坏，就要忍受贫穷和落后。消费社会、网络社会把这个悖论加深和扩大了。似乎现代化的生产、生活方式必然会导致生态环境的恶化，是不是果真如此呢？我们将通过1978年以来的中国社会生活的种种实践来考察。

阿格妮丝·赫勒（Agnes Heller）在《日常生活》中这样说道："如果个体要再生产出社会，他们就必须再生产出作为个体的自身。我们可以把'日常生活'界定为那些同时使社会再生产成为可能的个体再生产要素的集合。"（赫勒，1990：3）"个体只有通过再生产作为个人的自身才能再生产社会。但是，社会的再生产并不像牛通过其个体成员的再生产而自发地繁衍那样，自动地伴随个人的自我再生产而完成。人只有通过履行其社会功能才能再生产自身，自我再生产成为社会再生产的原动力。"（赫勒，1990：4）在赫勒看来，日常生活包括两个层次的内容，一是个体层次的再生产，即个体生命的繁衍，包括衣食住行、性生活等；二是社会层次的再生产，社会层次的再生产以个体层次的再生产为基础，通过制度、文化等社会功能进行社会层面的再生产。也有学者认为"现代日常生活世界的重要构成部分是家庭、文化艺术和娱乐、社会交往和结群等"。（郑杭生、杨敏，2010：15）这个日常生活世界不仅包含了个体生存、社交、自我提高的活动，同时也是丰富的内心世界的源泉。

而对于非日常生活世界，有学者认为包括两个层次：一是非日常的社会活动领域，主要是指政治、经济、社会管理等社会活动领域。赫勒称其为"制度化领域"，哈贝马斯称之为"系统"。二是非日常的精神领域，即人类知识领域（衣俊卿，2005：192）。赫勒等人对日常生活领域与非日常生活领域的划分是以哲学研究为目的的纯粹理性化的划分，但事实上，日常生活与非日常生活领域是不能完全区分开来的，不仅在传统社会无法完全区分开来，在现代社会二者结合地更加紧密。一方面，日常生活中的习俗、习惯、情感、血缘、经验等会渗透非日常生活领域，但在非日常生活领域，比如生活中常见的

第三章 中国当代居民生活方式变迁及其对生态环境的影响

"政治裙带关系""托熟人办事"等,都是二者的相互渗透;另一方面,非日常生活领域的规则、制度等也一步步渗透到日常生活之中,比如"签订婚前协议"、通过法律手段分割财产等。人与人之间的关系也在日常生活与非日常生活领域之间不断转换,比如上班时是同事,下了班是朋友;生活中是夫妻,法庭上是原告与被告。可见,把日常生活与非日常生活做严格区分是不可能的。卢卡奇在《审美特性》中说,"如果要研究日常生活的、科学的和艺术的这三种反映的区别,我们必须始终牢记,这三种反映所摹写的是同一个现实……在一开始就要肯定的是,这里所涉及的始终是对同一客观现实的反映。这种最终对象的统一性对于所产生的差别和对立在内容和形式上的表现形态具有决定的意义"(卢卡奇,1986:4)。人们的日常生活无法维持一个独立的、封闭的系统,它与生产领域一样被资本所控制。广告、传媒、流行符号等非日常生活领域的因素改变了人们的生活方式,改变着人们的行为和价值观。因此,无论是传统社会还是现代社会,日常生活都无法作为一个独立王国而存在,而我们这里所做的区分实际上是为了研究需要而进行的纯粹的、理性的划分。在这个基础上,笔者认为日常生活领域主要是指人们生产领域以外的生活领域,包括消费与休闲、社会交往和引领这些行为的价值观三个方面。

本书所使用的生活方式概念是指除生产活动之外,在特定价值观和社会规范下,人们全部活动所形成的稳定的行为方式体系,而非行为本身。但是日常生活领域的诸多内容同样可以适用于生活方式这一概念。因为生活方式是日常生活领域诸多内容固定的实现模式。日常生活世界不等同于生活方式,如果说日常生活世界包含了衣食住行、价值观等具体内容的话,那么生活方式则是这些内容的具体实现模式。日常生活领域是内容,生活方式是形式,形式不能离开内容而单独存在。因此,从这个角度看,生活方式这一个概念也至少包括了日常生活领域的三个方面的内容:消费与休闲活动、社会交往和结群、影响个体行动的价值观。因此,日常生活领域的内容同样适用于生活方式的具体内容。具体说来,生活方式的内容非常丰富,对个体维持生存和发展、维持社会交往具有重要意义的至少包括以下三方面内容。

第一,消费与休闲活动。在农耕社会早期个体和家庭能够自给自足,通过种植粮食作物、手工织布等实现个体生命的延续,维持个体再生产,并在此基础上通过婚丧嫁娶等制度实现社会再生产。随着社会分工的日趋精细,消费活动成为延续个体生命必不可少的生活内容。吃穿住用行都离不开消费活动。消费是人们生活最基本的层面,是人们维持生命的基础,可以说社会中的个体,都离不开消费活动。从最初的以物易物到货币交换,从市场交易到虚拟市场,人们的消费内容、消费过程、消费价值观等都发生了天翻地覆的变化。最初仅仅为了满足对物质的需求,维持温饱,后来随着生产力的提高逐渐对物质品质提出了更高的要求,再到对精神消费的需求,消费行为在满足了人们基本的生存需要的基础上,也为一些非生存需求,如美食、美酒、书籍、艺术等,提供了获取的渠道。需求引领生产,生产引导需求,在每个时代都是一种互相影响的关系。在自然经济时代,生产是有限的生产,需求是有限的需求,人们的活动范围和生活需求只在非常有限的范围内就可以获得满足。但是进入工业社会以后,消费逐渐成为生产的一个环节,资本最终的目的是获得利润,有需求就扩大需求,没有需求就创造需求,无限扩大的需求成为扩大生产维持资本获取利润的一个手段。因此,创造出的需求有的可以满足人们潜在的需求,有的则成为某种理念引导着人们的过度需求。而资本对利润的追逐不仅仅扩大了人们的需求,对资源环境的攫取也呈几何级数增长,消费在这个环节中起到了至关重要的作用。基本需求变成了过度需求,随之改变的还有消费、休闲的内容以及消费价值观。消费所带来的不再是基本需求的满足,而是无法填补的虚荣、空虚和纯粹的地球资源的浪费。成伯清认为,现代消费的特别之处在于它带有的心理、象征的意味,成为一种建构主体个性和身份的手段(成伯清、李林

第三章 中国当代居民生活方式变迁及其对生态环境的影响

艳,1998)。诚如众多从事消费研究的学者所言,消费活动于今时今日之公众,已经不再是一种简单的社会行为,我们完全可以将其看作一种"个性与身份的建构手段",成为人们生活方式体系中的重要组成部分。

第二,社会交往活动。衣俊卿认为,社会交往主要是指人们的闲聊杂谈、礼尚往来,以血缘关系和天然情感为基础的日常交往活动,包括对邻里亲戚、朋友同事等交往活动。笔者认为,交往活动不仅包括以血缘关系和天然情感为基础的交往,也包括参与公共事务,与陌生人之间的交往活动,比如参与选举等,都是日常交往活动,因此,将交往活动扩展为以血缘、群体、阶层为基础的人与人之间的互动,交往活动同样是日常生活的重要内容。在传统社会,家庭是生产主体,是最主要、最稳固的经济单元,个体必须依附于家庭,因此,家庭是社会交往的核心。交往或结群的主要原则是以家庭生产为基础,以生产生活为基本内容。由于交通、通信的不便利,人们的活动范围和交往范围很窄,社会交往局限在血缘、亲缘、地缘的范围内,家庭成员、亲戚、邻里是主要的交往对象,社会交往的频度与地缘关系成反比。进入现代社会,随着社会分工的细化,家庭生产退出历史舞台,取而代之的是社会化大生产,个体无须依赖家庭,完全可以实现经济独立,因此,家庭也就退居幕后,成为个体社会交往的背景而非核心。人们交往或结群的原则完全可以出于以个人意愿甚至更高层次的追求,社会交往脱离了以家庭为核心的、以生产生活为主要内容的原始方式,个体对于公共事务的参与热情和参与能力都大大提高了,比如对于资源环境的关注、对于环境治理的参与等。因此,交往的内容也更加丰富多彩,不再局限于血缘关系、亲缘关系,可以有学缘、职缘等关系,共同的经历和爱好成为交往的重要因素。特别是随着通信技术的发展,网络的普及,人与人之间的交往突破了地域的限制,社会交往的形式和内容彻底改变了。

第三,引领一切活动的价值选择。前文已述,当生活方式成为一个具有解释力的专有名词（lifestyle）之后，主要强调的是"个体性""风格""趣味""选择"等。个体对于饮食、服饰、住房、汽车、休闲内容、结交朋友、参与组织等一切消费和社交的选择，都是一种潜在的价值选择的影响。如果说消费、休闲、社交、结群等个体行为是生活方式的主要内容，那么价值选择则引领着个体的一切社会活动，同时，个体也通过这些活动的选择，体现着自己的个性、风格、品味，这些正是价值选择最直接的表现形式，因此，价值选择也是生活方式必不可少的内容。也就是说，生活方式不仅包括种种行为方式，也包含价值选择的模式。个体价值选择的变化对于行为产生着直接的影响。比如，在中华人民共和国成立初期，政治是否正确是一切行为的评价标准，政治本位的价值选择，促使生产领域完全忽视科学原则，大炼钢铁、以钢为纲、赶超英美、烧荒垦荒等激进的生产行为违背了科学规律，浪费了人力物力，毁坏了资源环境；改革开放以后，以经济为核心的价值选择，使人们在发展经济的同时，丢弃了勤俭节约、循环利用的美德，铺张浪费、利欲熏心比比皆是，物质日渐丰富，却将人们引领进消费异化的时代。生活方式的变化折射出人们价值选择的改变，同时人们价值选择的改变也无时无刻不在改变着生活方式的其他方面。可以说，价值选择决定着生活方式，价值选择是生活方式最为重要的内容。

一 消费扩大与生活质量的提升

改革开放以来，毋庸置疑，城乡居民的生活水平、生活质量都得到了显著的提升。我们可以通过吃穿住用行等几方面进行考察。在饮食方面，人们从追求温饱向更加注重健康、保健、多样、新奇、方便转变。在计划经济时代，食品要由国家按计划统一调配，食品种类少、总量少，吃饱穿暖就是居民的普遍追求。而到了市场经济时代，物质产品极大丰富，人们开始脱离了对温饱的追求，一方面，人们对食品的品质有了更高的追求，"绿色食品""保健食

第三章 中国当代居民生活方式变迁及其对生态环境的影响 ◆◇◆

品"层出不穷,燕窝、鱼翅、海参、鲍鱼也成了普通百姓餐桌上的佳肴;另一方面,人们更注重食品的方便快捷性,随着生活节奏的加快,为了满足人们对快捷便利的需求,快餐店遍地开花,速冻食品、微波食品等也是许多上班族的冰箱常备。在这种饮食习惯下,一方面产生了大量的餐厨垃圾,在消化分解的过程中产生了大量的碳排放;另一方面,快餐食品的包装盒、包装袋、一次性餐具也大大地占用了能源资源。根据 Analysys 易观智库数据显示,2015 年第一季度中国互联网餐饮外卖白领细分市场订单规模达 5000 万单,而这些互联网外卖订单仅占据整体外卖市场 28.5% 的份额①。如果每份外卖仅按一个餐盒、一双方便筷子计算,那么在 2015 年第一季度就至少有 1.75 亿餐盒和筷子产生,日积月累这些垃圾对于环境来说是不能承受之重。

在服饰方面,人们的服饰从中华人民共和国成立初期的灰、蓝、黑、中山装、军装等同质性高的衣着向着开放、多元、新颖、潮流的打扮迅速转变,在大中城市,甚至普通县城,服装店、品牌街随处可见,个性化、潮流化的装扮也屡见不鲜。服饰方面的改变有两个特点:一是更加个性化,实则体现的是人们通过消费手段来表达自我;二是更加分层化,高档时装动辄上万元,而大街小摊的时装甚至便宜到十元钱,这种差异体现了不同人群的消费能力;对不同时装的选择也体现了消费者的价值观。快节奏的生活带来了快节奏的时尚追求,对于大部分当代人尤其是年轻人来说,这一季的衣衫到下一季就全部过时,只能为了追随潮流而再次购买新的商品,而这种所谓"快时尚"实际上造成了不可估量的资源浪费和环境污染。以最为普遍的牛仔裤为例,德国一家公司出品了一部纪录片《牛仔裤的代价》,片中提到制造一条牛仔裤需要 3480 升水,要使用约 2500 种化学物质用以染色和整理,这意味着每生产一吨牛仔裤会污染 200 吨水。"快时尚"

---

① 数据来源:中国互联网数据中心,http://help.3g.163.com/15/0623/23/ASR3FOA300964KJA.html,2015 年 10 月。

◆◇◆ 中国当代居民绿色生活方式的构建

理念下很多商家推出了低质低价的商品,让低收入者也能毫无压力地"买买买",这实际上造成了比追求奢侈品更大的浪费。

在住房方面,人均住宅面积持续扩大、居民对住宅舒适度和整洁度要求越来越高、全国采暖区逐渐向南扩展、家电产品种类、数量持续增长。有研究表明住宅类型与耗能量显著相关,越高档的住宅耗能量越大(见表3-2)。从20世纪90年代开始,房地产行业乘着城市化的东风一路前行,创造了巨大的经济效益,同时也迅速地改变着城市和农村居民的住宅条件及住宅需求。更加宽敞、舒适、整洁的生活空间迅速地改变了人们的生活习惯,也从根本上改变着生活方式。

表3-2　　　　　　　　　住宅类型与平均能耗

住宅类型	样本量(套)	平均住宅能耗量(kgce/ca. a)
平房	204	705.551
多层	2023	745.4569
高层塔楼	108	743.5276
高层板楼	393	801.8551
别墅	18	956.8746

注:kgce/ca. a千克标煤(每人,每年),住宅能耗量测量单位。转引自清华大学社会学系课题组《中国公众的生活方式与居住理念调查报告》,《人民论坛—学术前沿》2013年第2期。

1985年城镇人口人均住房使用面积为8.6平方米,2008年增长到23平方米[①],根据北京大学《中国民生发展报告2012》数据,2012年全国人均住房面积达到36平方米。居住面积扩大,人们向往更舒适的居住环境,冬天希望室内温暖如春,夏天希望室内干燥凉爽;既希望衣物干净整洁,又不愿付出手工劳动;既要制作出精美的

---

① 国家统计局编:《新中国60年》,中国统计出版社2009年版,第41—47页。

第三章　中国当代居民生活方式变迁及其对生态环境的影响

食物，又不能任由煤烟熏脏房屋，因此，在新式住宅中，人们形成了新的生活习惯，而在这个过程中，家电是必不可少的生活用品，电冰箱、彩色电视机、洗衣机等家电产品数量增加，种类增多（图3-4）。所有家电产品在满足人们日益增长的对舒适和品味的需求的同时，也都增加了电的使用量。

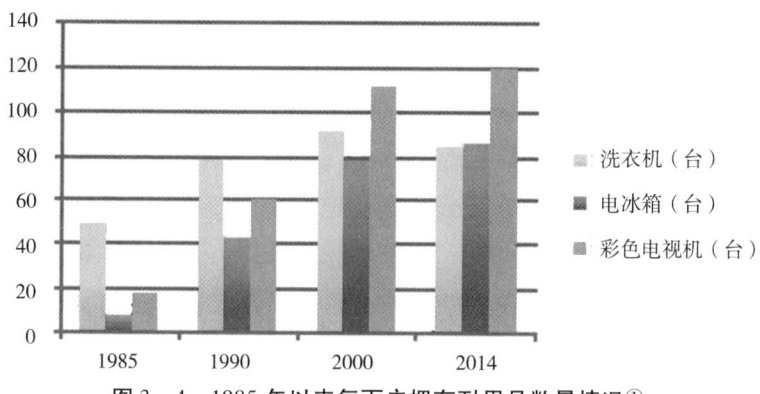

图3-4　1985年以来每百户拥有耐用品数量情况①

在出行方面，首先，出行方式发生了很大的改变，20世纪末中国居民还以拥有一辆自行车为骄傲，而短短30年，自行车逐渐被汽车所取代，每百户占有量逐年提高，2008年每百户城镇居民拥有私家车8.8辆，2014年达到19.2辆，不仅私家车数量增加，随着城市规模的扩大，出租车、公交车的数量也大幅度增加，城市交通拥堵、空气污染随之加剧。

叶启政为，在消费社会中，当社会结构从以"生产"为主轴转向以"消费"为主轴的时候，启蒙理性的人文主义内涵将发生质的变化——资本主义体制下各种生产过程中的非正义、不合理的"剥削"都得到了解决，生产不再过剩，过剩的商品在消费社会中都找到了自

---

① 中华人民共和国国家统计局：《中国统计年鉴》，（历年）家用电器数量相关数据，中国统计出版社2015年版。

己的归宿,甚至还给予人们消费所产生的快感,让人们享受着物质丰裕社会的温暖(叶启政,2002:101)。人们却不知自己就像温水中的青蛙,随着水温的上升正在走向灭亡。

二 交通、网络与社会交往的深入

社会交往或人际互动往往涉及空间范围、互动频率、交往方式等因素,这些都属于社会交往的外部环境。对于转型中的中国社会,交通工具和互联网时代的网络信息技术的迅猛发展无疑是加速社会转型的助推器,同时也是影响社会交往的重要因素。

纵向来看,交通工具经历了铁路、公路、空运以及高铁等不断的技术变革,每一次的技术变革都达到了空间扩展、时间压缩的目的;横向来看,任何一种交通工具也都在各自领域不断扩展,空运路线从无到有、铁路线四通八达,交通工具的进步覆盖范围越来越大。1978年,全国运输线路总里程只有123.5万公里,其中铁路5.2万公里,公路89.0万公里,内河航道13.6万公里,民用航空航线14.9万公里,管道运输0.8万公里。到2014年,总里程达到948.18万公里,铁路11.18万公里,公路445.39万公里,高速公路11.19万公里,内河航道12.63万公里,民用航空航线463.72万公里,管道运输10.57万公里。20世纪80年代,民用飞机仅有143架,2013年末,民用飞机多达4004架,30多年间增长了近30倍(见表3-3、表3-4)。

表3-3　　　　　　　　运输线路里程　　　　　　(单位:万公里)

	铁路营业里程	公路里程	高速公路里程	内河航道里程	民用航空航线里程
1978	5.17	89.2	—	13.6	14.8
1990	5.78	102.83	—	10.92	50.68
1995	6.26	115.7	—	11.1	112.9
2000	5.87	140.27	—	11.95	150.29
2005	7.54	193.05	4.1	12.33	199.85

第三章 中国当代居民生活方式变迁及其对生态环境的影响

续表

	铁路营业里程	公路里程	高速公路里程	内河航道里程	民用航空航线里程
2010	9.12	400.82	7.41	12.42	276.51
2011	9.32	410.64	8.49	12.46	349.06
2012	9.76	423.75	9.62	12.5	328.01
2013	10.31	435.62	10.44	12.59	410.6
2014	11.18	445.39	11.19	12.63	463.72

注：数据根据《中国交通运输统计年鉴》（2010、2011、2013），《中国交通年鉴》(2014)，《中国统计年鉴》（2001、2006、2015）交通运输基本情况相关数据制作。中华人民共和国交通运输部：《中国交通运输统计年鉴》，人民交通出版社2011年版；中华人民共和国交通运输部：《中国交通年鉴》，中国交通年鉴社2015年版；中华人民共和国国家统计局：《中国统计年鉴》，中国统计出版社2015年版。

表3-4　　　　　交通运输工具数量（1980—2013）[①]

指标	单位	1980	1985	1990	1995	2000	2005	2010	2013
铁路机车	台	10665	12156	13981	15554	15253	17473	19431	20835
铁路客车	辆	16367	21130	27538	32663	37249	41974	52275	58965
铁路货车	辆	270253	304613	368561	436414	443902	548368	625110	721850
民用汽车	万辆	178.29	321.12	551.36	1040	1608.91	3159.66	7801.83	12670.14
民用飞机	架	143	170	503	852	982	1386	2405	4004

毫无疑问，现代交通工具的发展给人们的社会交往提供了基础条件，使当代人的社会交往可以向更为广阔的空间伸展。20世纪末至今，不仅铁路、公路、民航运输线路总里程大幅度增加，从全社会客运量看，参与到交通运输之中的个体总数也持续上涨（见表3-5）。也就是说，有越来越多的人开始越来越频繁地旅行。这些交通运输业

[①] 中华人民共和国交通运输部：《中国交通年鉴2014》，中国交通年鉴社2015年版，第92页。

的发展极大地改变了居民的交往状况，甚至身处偏远山区或是封闭的村庄中的人们也有可能到更广阔的社会空间中参与社会交往。随着交往空间和交往频率的扩大，人们获得信息的能力大大增强。而与交通运输业的进步相比，现代互联网技术的发展则使社会交往超越了地域限制，获得了时间与空间进一步拓展的可能。

表3-5　　　　　　　　　全社会客运量①　　　　　　（单位：万人）

	总计	铁路	公路	水运	民航
1978	253993	81491	149229	23042	231
1990	772682	95712	648085	27225	1660
1995	1172596	102745	1040810	23924	5117
2000	1478573	105073	1347392	19386	6722
2001	1534122	105155	1402798	18645	7524
2002	1608150	105606	1475257	18693	8594
2003	1587497	97260	1464335	17142	8759
2004	1767453	111764	1624526	19040	12123
2005	1847018	115583	1697381	20227	13827
2006	2024158	125656	1860487	22047	15968
2007	2227761	135670	2050680	22835	18576
2008	2867892	146193	2682114	20334	19251
2009	2976898	152451	2779081	22314	23052
2010	3269508	167609	3052738	22392	26769
2011	3526319	186226	3286220	24556	29317
2012	3804035	189337	3557010	25752	31936
2013	2122992	210597	1853463	23535	35397

　　以计算机、信息和通信技术为核心的网络时代把当代人带入了一个全新的世界，深刻地改变着社会交往的形式和内容。首先，交往形

---

① 中华人民共和国交通运输部：《中国交通年鉴2014》，中国交通年鉴社2015年版，第112页。

式发生变化，互联网技术可以使人们突破时空的限制，自由自在地交换信息、交流思想，每个人都具备了与其他任何人的交往条件，较之交通运输业的发展，这无疑更加扩大了人的交往范围；其次，交往的内容发生变化，在农业、工业时代，社会交往主要与生产相关，其目的是满足生存物质需求，而网络时代交往的内容更加多元化，不仅局限在物质需求层面，人们可以更加便捷地进行思想、文化、价值观方面的交流，以满足自身的需求，使得人的发展转向更高的层次。

交通运输业、互联网技术的发展从客观上推动了社会交往的转型，社会交往逐渐突破了时间、空间、形式和内容的限制，传统熟人社会渐渐退出历史舞台，现代工具理性主宰了社会交往的变化，同时也改变着生活方式的轨迹。一方面，网络时代下信息传播速度惊人，环境质量、环境知识与环境意识等信息可以迅速地被个体接纳，比如通过微博、微信等技术手段，人们可以在某件环境污染事件发生后迅速获得新闻线索，这为环境保护提供了一定的支持；另一方面，快速的、大量的、不确定的信息也使人们难以适应，相信谁、反对谁，往往成为个体参与社会交往的绊脚石。同时，广播、电视、报纸杂志等大众传媒以及以互联网为基础的移动传媒一起构成了一个错综复杂的现代大众传媒系统，它们不仅是现代人日常工作、生活的重要信息来源，而且更是直接介入日常生活，成为人们日常生活的重要组成部分。大众传媒对个体生活方式的影响主要表现在两个方面：一是信息传播，向个体传送外界信息，或者将个体信息传播出去，从而为个体与他人或外部世界创造了沟通的渠道；二是改变个体的兴趣爱好，这种改变是通过潜移默化的接收信息而形成的，比如广告、宣传片等等，通过向个体介绍新产品、新方法促使人们形成新的生活理念，直接指导和改变个体的生活方式。

三　文化教育与精神生活的发展

在《从传统人到现代人》一书中，研究者甚至直接把学校看作现

◆◇◆ 中国当代居民绿色生活方式的构建

代化的背景，他们认为在复杂的社会生活中，教育是最为一贯、有力改变个体态度、价值观和行为的工具（阿列克斯、戴维，1992：197）。文化教育对于个人的生活方式的影响是显而易见的，在社会化的过程中，教育是比其他诸如生活经历、工作经历等更加直接和快速地改变个体价值观和行为方式的因素。

改革开放以来，教育体制和教育政策的改革一直伴随着经济改革的发展而不断变革。其中最为重要的节点主要有三个。第一，1977年恢复高考，中国教育事业也进入了快速发展期。20世纪末还处在缓慢发展时期，主要以普及九年义务教育、重建高等教育为主要目标。1986年颁布《中华人民共和国义务教育法》，全国开始有计划地实施九年义务教育，1987年全国小学80.74万所，小学在校生12836万人，小学在校生年巩固率达到97.2%，中途辍学的现象大幅减少；全国初中7.59万所，初中招生1394.3万人；全国包括大学、专科学校在内的普通高等学校达到1063所；本科、专科在校学生达到195.9万人。[1] 正是这一代的高考、高等教育为经济建设培养了大批人才，也为中国教育事业改革奠定了基础。第二，"93纲要"的发布，1993年的《中国教育改革和发展纲要》（"93纲要"）提出"初步建立起与社会主义市场经济体制和政治体制、科技体制改革相适应的教育新体制"[2]，彻底修正了"以阶级斗争为纲"的思路，教育从以政治为中心向以经济建设为中心靠拢。第三，1999年高校扩招，1999年《中共中央国务院关于深化教育改革、全面推进素质教育的决定》提出"扩大高中阶段教育和高等教育的规模，通过多种形式积极发展高等教育，到2010年，我国同龄人口的高等教育入学率要提升到15%左右"。截至2014年年底，全国共有义务教育阶段学校25.40万所，在校生1.38亿人；全国共有普通高等学校和成人高等学校2824所，

---

[1] 中华人民共和国教育部：《中国教育统计年鉴》，人民教育出版社1987年版，第2—3页。

[2] 《中国教育改革和发展纲要》，中国教育出版社1993年版，第4页。

第三章 中国当代居民生活方式变迁及其对生态环境的影响

高等教育在学总规模达到3559万人，高等教育毛入学率达到37.5%[1]，大大地超过了1999年高校扩招计划所预计的15%。同时，成人培训、特殊教育、民办教育兴起，从多个角度促进了中国教育事业的发展，切实提高了国民整体教育水平。从历年的《人口普查公报》中能够看到，文盲率从1964年的33.58%下降到2010年4.08%，中国近半个世纪的文化教育事业对提高居民文化水平确实产生了很大影响（见图3-5）。

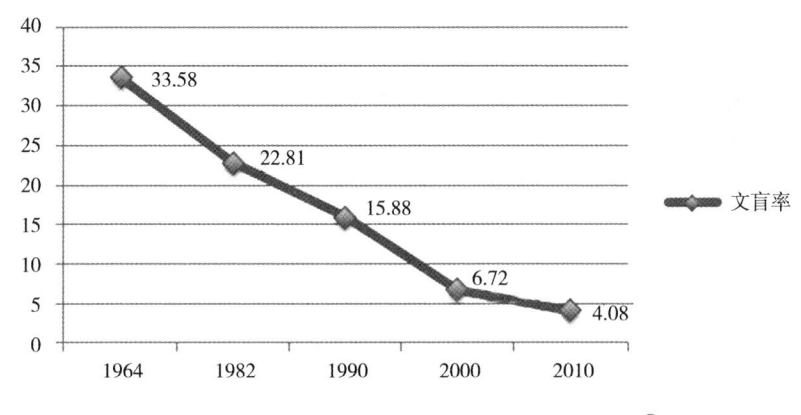

图3-5 1964—2010年中国文盲率情况（%）[2]

文化教育水平的提高直接反映在日常生活中的行为与价值选择上。多项研究表明，教育水平与环境行为、环境关心呈正相关，即文化程度越高则环境关心、环境行为的水平也越高，这一结论在中西方研究中得到了广泛的认可（洪大用，2012）。因为教育水平的提升有助于个体接受环保知识和环保理念，较高的教育水平也有助于积极地改变生活方式以适应环境友好的需要。

---

[1] 中华人民共和国教育部：《2014年全国教育事业发展统计公报》，《中国教育年鉴2014》，中国教育出版社2014年版。

[2] 数据来源：中华人民共和国国家统计局，《人口普查公报》（历年），http://www.stats.gov.cn/tjsj/tjgb/rkpcgb/，2015年10月15日。

第三节 当代居民的生活方式对环境的辩证影响

不同的社会形态必然呈现不同的生活方式，从农业社会到工业社会再到后工业社会，纵观近现代的发展历程，生活方式在总体上来看是进步的。随着现代化进程的推进，传统的生活方式也发生了翻天覆地的变化。同时，现代化也是一把双刃剑，如果我们稍加留意，就会发现现代化在不断解放人类的同时，也在另一个层面不断禁锢着人类自身；在不断征服自然的同时，也在不断地被自然报复。现代化既有与绿色生活方式相一致的一面，也有与之相悖离的一面。面对20世纪末就已经日趋严重的生态、资源、人口、环境等现代化的不良后果，我们就应该认识到现代化对生活方式改变有着正负两方面的效应。

一 当代居民生活方式与环境保护相悖离

现代化与绿色生活方式相背离的一面主要与消耗大量资源、产生过多垃圾以及被异化的追求相关。现代化显然带来更多的能源和资源的消耗。与发展中国家的生活方式不同，发达国家更加现代化的生活方式对碳排放的影响是巨大的。据统计，消费者使用的矿物燃料是大气中二氧化碳的主要来源，贫困人口通常由于焚烧矿物燃料而排出0.1吨碳排放，中等收入阶层是0.5吨，高收入者则是3.5吨，在个别例子中，美国人中最富裕的1/10每年排出11吨二氧化碳。由于美国人的生活方式，使得占世界人口6%的美国人消耗掉了世界30%的资源，一个美国人一生的资源总需求量要比一个印度人大60倍（艾伦·杜宁，1997：28）。如果中国以美国为标准来定义以致实现现代生活方式，那么无疑对地球将是一个毁灭性的打击。

与传统社会相比，现代社会中人类更少地受到自然的制约而逐步实现了自我意识，人类有了更多的选择权利，人类的主体性得到了更

第三章　中国当代居民生活方式变迁及其对生态环境的影响 ◆◇◆

大的体现。然而这并不意味着人类实现了全面的解放或是更大的自由；相反，从另一个角度来说，现代生活方式是一种物化的生活方式，人类成了物品的奴隶，被物化了。工业社会的生产逻辑就是盈利，获取更多的剩余价值，为了实现这一目的，不仅在生产方面要加紧脚步，更重要的是要培养出人们对物品的需求。"现代社会不仅造出了物，也造出了对物的需求。"（弗洛姆，1988：31）艾伦·杜宁认为，广告、商业电视、公共空间的商业化是构建这些需求的三大动力，而商业街、购物广场等公共空间的商业化取代了传统的社交和休闲活动，把购买作为唯一的休闲活动而推向公众（艾伦·杜宁，1997：92-95）。所以，从这个角度看，人们不是主动地选择了一种生活方式，而是被动地被唯一的一种生活方式所选择了。

当我们在 *H&M* 或是更好一些的 Lee 专卖店购买一条牛仔裤的时候，也许没有人会想到，这条牛仔裤的制作使用了在珠江里一些并不纯净的淡水，使用了从东南亚进口的廉价染料，还有一群年轻的工人为了把它变成消费者想要的水洗色而工作了长达十五六个小时，从而吸收了大量的矽进入肺部。我们在互联网购物平台上点击购买了一盒昂贵的进口草莓时，也并不会想到在生产它的过程中，使用了来自德国的农药和日本的拖拉机，来自美国的空中运输机，而运输机和拖拉机的染料很可能来自墨西哥土地中提取的柴油。那些包裹着草莓的散发着小资气息的枫叶盒子也许来自加拿大的软木制浆，包装盒最上边的木质叉子毁掉了中国东北的一片针叶林。而这些牛仔裤、包装盒、一次性餐具会聚在一起编织了一个商业电视所构建起来的现代人的美梦，美梦的背后是无尽的资源的消耗和垃圾的产生。正如马尔库塞所说，这些对牛仔裤或是进口食品的需求，是"那些在个人的压抑中由特殊的社会利益强加给个人的需求：这些需求使艰辛、侵略、不幸和不公平长期存在下去"。更可怕的是，"这些需求的发展和满足是受外界支配的"。（马尔库塞，1988：6）从这个角度来看，现代化并没有实现人的全面发展和解放，这也是现代化与绿色生活方式相悖离的一面。

二 当代居民生活方式与环境保护相呼应

现代化不仅有与绿色生活方式相悖离的一面，我们也应该看到现代化与绿色生活方式相呼应的一面，甚至由于现代化在技术、认知等领域的进步，使其更具备条件促进绿色生活方式的形成。比如在环境问题的建构、环境知识的传播、环境行为的参与、环境治理等方面，现代化有着传统生活不可比拟的一面。

阿列克斯和戴维根据对阿根廷等六个发展中国家的居民的抽样调查发现，文化教育对于居民的影响是广泛而深远的，正是教育水平的提升提高了居民的现代化特质。研究者指出，"他们（指研究对象）学到了同他们个人发展与他们国家的未来有关的态度、价值和行为方式……同不同的人互动，对属员和少数人显示出更多的关心。他们更重视科学，更容易接收变化，而且准备限制其孩子的数量。简言之，由于有收到更多正式教育之利，他们的个性无疑是比较现代的"。（阿列克斯、戴维，1992：209）可见，现代性能够增强个人的社会效能感，为个体参与环境保护提供了社会基础；观念更加开放，人们对于新事物的接纳能力更强，对环境友好行为的接纳和传播能力也更强，除了消费主义，人们更乐于接受其他的更为先进的价值观，比如后物质主义价值观，更有利于环境友好行为的实施；现代通信技术对于环境问题的建构、环保知识的传播无疑起到了强大的助推作用。

在环境治理方面，以城市垃圾处理为例，就直观感受而言，正是社会经济的快速发展导致城市生活垃圾产出量的增加，但笼统地认为现代化、工业化与生活垃圾产出量之间具有正向关系具有一定误导作用，事实并非如此，因为在不同社会治理系统中，生活中的能流和物流的总量都是不同的。如果经济发展模式和人们的生活方式发生变化，则有可能出现垃圾减少、垃圾利用率提高等结果。

日常生活中与环境保护相协调的方面在农村环境治理中也有所体现，在农村居民的日常生活实践中，一直存在最大限度地发挥能源资

第三章　中国当代居民生活方式变迁及其对生态环境的影响

源作用的理性生活逻辑。这种理性逻辑表现在农村居民一系列自利性行动策略上。笔者了解到早在改革开放以前,东北地区农村居民基本不使用煤炭,主要能源是秋收后储备的秸秆以及在附近山林收集的柴草。秋收后整个冬季昼短夜长,且没有生产活动,所以普遍实行"两餐制",即上午一餐,下午一餐,减少食物和能源消耗。东北地区的"火炕"把做饭和取暖两件事结合起来,锅灶连接着火炕或火墙,通过烧火做饭同时取暖,秸秆灰还可以还田做肥料使用,通过"火炕"这个设置以及"两餐制"这个生活习惯让能源的作用发挥到最大,资源浪费降到最低。可见,传统的农村生活中也具有与绿色生活相和谐的一面。

现在,虽然由于生产条件的改变,机械化大农业使秸秆不再作为能源出现在日常生活中,反而成为一种新的污染源。而且农村地区受到城市化的影响,也出现了诸如一次性纸杯、大量快时尚商品,这是城市化浪潮下乡村居民的自主性选择,但即便如此,在乡村仍然能够看到一些与绿色生活趋势相统一的日常生活实践。比如,笔者多次在农村调研中看到许多家庭安装了简易浴室,这种简易浴室只能在夏季使用,依靠日晒获得热水洗浴。同时,简易浴室一般放置在菜园旁边,洗澡水直接浇灌菜园。从简易浴室这一日常生活领域的节能创新来看,乡村居民的理性生活逻辑仍然发挥着作用,利用太阳能洗澡,减少能源使用量,洗澡水继续灌溉,减少资源浪费。从这一个体化的日常生活实践中我们能够看到乡村生活逻辑与绿色生活和谐统一的一面。但仔细分析,这些简易浴室一般只能用一两个夏天,塑料布的材质会变脆变薄容易破裂,所以对乡村居民来说这些简易浴室几乎等于一次性用品,笔者在村庄垃圾存放处就看到了丢弃的简易浴室,难以重复利用或降解,成为环境负担。同时,洗浴使用的化学制剂对土壤和地下水也会产生影响,尤其一些化妆品中的塑料颗粒对土壤的危害是不可逆的。从这个角度来看,乡村居民的理性生活逻辑直接导致了自利性行动策略,有些试图降低能源成本的看似有益于环境的日常生活实践也存在着和绿色生活相悖的一面。

　　从以上分析中我们发现，无论在城市还是农村生活中，现代化的确具有与生活方式向绿色转型相悖离的一面，但同时现代化之中也存在一些积极因素，这些因素对于生活方式的绿色转型具有潜在的正向影响价值。与传统生活方式一样，现代生活方式也必然被超越和取代，这种超越甚至取代当然是要建立在现代化本身存在的积极与消极的因素之上，所谓"去其糟粕留其精华"，发掘那些现代化中对生活方式绿色转型具有积极作用的方面就是改变和超越现代高能耗、高消耗生活方式的一个突破口。

第四章 生活方式的绿色转向及其影响因素

第一节 研究假设

一 现代性的争论

何为现代性？这是社会科学领域争论已久的问题，从社会学的角度看，我们可以简单地将其理解为一种社会生活或者组织模式，大约出现在17世纪的欧洲，并且在之后的几个世纪里席卷整个世界，不同程度地影响着各个国家的发展进程。最初人们对现代性持积极的态度，甚至有些痴狂地着迷于现代性。它的确为人们的社会生活带来了翻天覆地的变化。"现代性以前所未有的方式，把我们抛离了所有类型的社会秩序的轨道，从而形成了其生活形态。在外延和内涵两方面，现代性卷入的变革比过往时代的绝大多数变迁特性都更加意义深远。在外延方面，它们确立了跨越全球的社会联系方式；在内涵方面，它们正在改变我们日常生活中最熟悉和最带个人色彩的领域。"（吉登斯，2011：4）然而，我们所更为熟知的是对现代性的批判，20世纪以来出现在现代性研究语境中的更多的是"后现代性""后工业社会""后资本主义"，以及"消费社会""信息社会"等术语。人们在大踏步步入现代社会，掀起一轮又一轮的工业革命之后，伴随而来的是生态环境的衰退、社会风险的增加，人类所面临的各种危机被认为是现代性的必然后果被加以批判。一个世纪以前，英国的一位资本家面对拔地而起、浓烟滚滚的工厂，发自内心地赞美"这是一幅最美的油画"，然而一个世纪以后，当这幅画布覆盖了整个世界以后，生产力的发展以及其所带来毁灭生态环境的力量则令人类感到恐惧和憎恨。

所有与现代性有关的弊病同样不可避免地在中国这个后发展国家出现了。"安全与危险""信任与风险""时间与空间"，现代性的特征在中国当代社会一览无余。然而，中国社会的复杂性在于传统与现代的并存，甚至是现代与后现代的并存。有学者认为，中国现代性本质上是"不在场"的，就中国的现实情况而言，现代性是以一种碎片化的、萌芽状态而存在的，并没有完全参与社会运行之中（衣俊卿，2005：28）。现代中国社会的"不在场"从中国长期以来的二元社会结构、社会结构转型和体制转轨过程中的碎片化事实即可见一斑。尤其与当代社会的现代化相联系又相对立的传统社会，以其深厚的文化背景和历史传统在当代中国仍然发挥着重要作用。传统社会最典型的代言人是农民。斯宾格勒曾断言在农耕社会中农民在耕作的过程中"人自己变成了植物——即变成了农民"。（斯宾格勒，1995：198）而在这种意义上，农民以及其所代表的农耕文化下的传统社会与现代社会具有根本的不同，正因为如此，持续、快速的城市化似乎成为转变农民身份、改变农耕文化下传统社会的最重要手段。但事实是城市快速发展带来了就业困难、资源紧张、能源枯竭、交通问题、城市环境质量等城市病依旧困扰着当代人对于现代化的追求。从另一个角度看，在农村地区发展工业化也并没有从根本上实现现代化，甚至由于乡镇企业的发展造成了耕地资源、水资源的侵占和污染。

虽然我们看到了现代化所带来的恶果，但是同时也不得不承认，现代化是一个已然无法逾越的历史过程，而我们所面对的诸如生态环境恶化等后果，并非源自现代化本身。这恰恰说明，我们更加需要理性化、契约化的现代化精神，以经验、人情和差序格局为代表的传统

第四章 生活方式的绿色转向及其影响因素

社会很难适应今天的市场经济的发展和全球化进程。在生态现代化理论中,现代社会结构、工业发展、科学技术等并不是生态恶化的诱因,相反它们为预防和解决环境问题提供了可能和根本途径。

对于中国这样直接由传统农业社会向市场经济或者说现代工业社会转变的国家,承受的内容不仅仅是经济、政治和社会的转变,不仅仅是经济、政治制度的转变,更是生存方式的转变,体现在了生活方式、价值观、文化内涵等多个社会结构层次的转变上,而这些层面能否顺利地转变是从传统农业文明向现代工业文明转型的主要羁绊。而中国近代百余年的现代化诸多争端其根本原因不是由政治、经济和社会运动而决定的,决定它的恰恰是人们最为熟悉和无视的生活世界(衣俊卿,2005:190)。

现代化对于国家、社会和个人而言,不仅仅是制度的变迁、结构的重组和行为模式的改变,现代化从根本上改变了人们的生存模式,重塑了人们的生活方式。日常生活世界无数个体及其与之联系的生活事务的产物,是无数个体和群体互动的空间,是个人经验所能感知到的世界,是被重复的惯习所充斥的场域。个体与他们的生活世界须臾难离,也正因为如此,日常生活世界能够成为一种不被察觉、无须追问、顺理成章的必然,无时无刻不在展现着个体同时也塑造着个体,它吸收了个体的能动性,它也推动着新的创造。在生活领域,既有传统社会的文化根基,又有现代社会的理性思维,在日常生活中人们面对着与以往相比更加复杂、多元的生活世界;反过来,这个更加丰富的生活世界又成为异质性个体更加丰富个性的源头。如果说生态现代化理论不仅能够适用于生产领域,也同样能够适应于生活领域——正如阿瑟·莫尔等人在家庭消费问题上的探讨(莫尔,2011:前言)那样——现代化改变了传统社会中以经验和人情为基础来指导个体行动,取而代之的是以理性化、契约化和关注公共事务的公民精神为特征的现代化精神,那么,现代化就带给了人们一个解决环境危机的可能。因为越是理性地思考、以理性思维来实践,环境危机越有可能从根本上被解决。从这个角度来看,现代化水平越高,环境保护的希望越大。

二 研究设计

如何通过大数据来考察绿色生活方式?本书的方案是:将绿色生活方式操作化为环境关心、环境知识、环境行为,首先通过CGSS2003 和 CGSS2010 中关于环境关心、环境知识、环境行为的对比,考察居民是否具有绿色生活方式倾向;然后,使用 CGSS2010 中的相关变量建立模型,考察社会结构中的诸如经济发展数据、媒体使用情况、公共事务参与渠道和后物质主义价值观、消费价值观、科学主义价值观以及年龄、性别、教育水平、收入、居住地等因素对绿色生活方式的影响。通过数据分析,确定近十年来中国当代居民的绿色生活方式的发展趋势和主要影响因素。

为了回答上述问题,我们根据前文的研究发现,提出本书的基本假设:中国当代居民的生活方式存在绿色转向,从 2003 年到 2010 年,居民的环境关心、环境知识和环境行为水平具有明显的上升趋势;绿色生活方式受到社会结构制约,同时也受到价值制约。

第一,社会结构假设。有研究指出,个人的能源消费,在很大程度上受到社会地位影响,个体的能源消费更多地受到了他们的社会经济地位的影响,社会经济地位决定了社会的资源分配方式及个体的获得能力,因此影响了个体在日常生活中的能耗高低(清华大学建筑节能研究课题组,2011)。同时,有学者指出,经济因素对环境行为的影响要比信念和态度更重要(Brandon and Lewis,1999)。环境库兹涅茨曲线(EKC)揭示出,环境质量与收入的倒 U 关系,这一理论认为,在达到 U 点之前,人们收入较低,因此更加注重物质消费,而超过这一节点之后,人们对物质消费的欲望降低,从而转向对环境的关心(Faneta L.,2006)。因此,我们有理由相信经济发展阶段对绿色生活方式具有显著影响。据此我们可以提出社会交往假设 A1:

第四章　生活方式的绿色转向及其影响因素

假设A1：经济发展阶段越高，即经济发展水平越高的地区，其绿色生活方式倾向越强；

对环保信息接收的能力越强，居民就可能越快地做出反应。因此，我们提出假设A2：

假设A2：乐于使用新媒体接收信息的居民，其绿色生活方式倾向越强；

个体对于资源分配的决定能力、对于公共事务的参与能力与环境关心及行为能够成正比。对公共事务的关注程度和参与程度直接影响着居民的公共领域的环境关心及行为，同时也影响着整体的环境行为。因此，我们提出假设A3：

假设A3：公共事务的参与能力越强的居民越具有绿色生活方式倾向；

第二，价值观假设。"价值观念主要是指人们的道德观念和社会评价的思想体系。人们的社会活动都是在一定的价值观念指导下发生的。社会制度的基本构成要素之一，即特定的文化价值观和意识形态体系。因而，社会价值观念的变化是整个社会变迁的基本方面，并且往往成为整个社会变迁的先声。"（郑杭生等，2005）由于不同地区和城市的经济发展阶段不同，其主流价值观的变化程度也不尽相同。有研究表明，在我国北京、上海等大城市，后物质主义价值观已经兴起（陶文昭，2008）。但在大部分农村和贫困地区，对温饱的追求还是第一位，物质主义价值观占据了主流位置。一项研究表明，在同等条件下，持后物质主义价值观的人很有可能具有较强的环境关心水平。（洪大用，2005）因此，本书中还引入了后物质主义价值观，提出以下假设：

假设B1：后物质主义价值观越强烈的人，其绿色生活方式倾向越大；

20世纪70年代，在《增长的极限》一书中，作者说明了自然资源的有限性和人类无限的需求之间的矛盾，也指出了人类过度索取会对自然环境造成不可逆转的伤害。诸如此类的研究如生产跑步机理论等，都论述了消费在整个社会生产中的重要作用，人们通常会把"过度消费"或"大量消费"看作环境衰退的重要原因，因此笔者提出以下假设：

假设 B2：消费主义倾向越低的人，其绿色生活方式倾向越大；

在过去的一个世纪里，科学技术无疑在各国家的发展进程中起了至关重要的作用，科学技术领先的国家也成为世界强国，甚至成为其他国家追随与模仿的对象，科学成为经济竞争力、先进文化和现代化的代名词。生态现代化理论认为，科技不是导致环境衰退的原因；相反，科技的持续发展才能更好地应对生态环境衰退的问题。在生活领域人们对于科学的态度往往直接体现了公众对于现代化的接受程度，因此，本书选择了"科学—生活"平衡这样一个变量，提出以下假设：

假设 B3：越是关注科学、相信科学的居民，其绿生活方式倾向越强。

第二节　数据及变量说明

一　数据

本书采用 2003 年和 2010 年中国综合社会调查（Chinese General Social Survey，简称 CGSS）的数据进行分析。与 CGSS2003 相比，CGSS2010 在城市和乡村地区同时进行样本收集，因此其研究结果可以直接推论到全国城乡层次。

CGSS2003 调查覆盖全国城市地区。调查利用 2000 年第五次全国人口普查数据，采用 PPS 抽样从省级单位抽到社区，再在每个社区采用系统抽样的方法抽取 10 个调查户。采用 KISH 表在每户抽取一人作为调查对象，该调查对象为 18—69 岁的成年人。调查方式为入户面访，涉及样本 5984 人。2010 年中国综合社会调查由中国人民大学中国调查与数据中心主持，联合全国24家高校和地方社会科学院组织实施。2010年中国综合社会调查采用的是多阶分层概率抽样。调查面覆盖中国大陆32个省级行政单位。在全国共抽取100个县（区），另外还加入北京、上海、天津、广州、深圳这5个城市，组成初级抽样单元。然后，在每个抽中的单元中随机抽取4个居委会或村委会；随后，在每个居委会或村委会随机抽取25个家庭进行入户访谈；最后，在每个被抽取的家庭中，利用KISH表仍然以随机的方式抽取一人进行访问。另外，除主体问卷以外，对四个月份出生的被访者做了环境模块（L卷）调查，也就是说所有受访者均有1/3的概率回答此模块，因此，具有全国范围的代表性。本次社会调查一共涉及480个村/居委会，共约12000个家庭，总样本量约为12000人，最终获得有效样本量为11785个。CGSS2010 L卷最终有效样本量为3683人。本书的主要测量项目集中在调查问卷中的环境模块，包括环境关心量表（NEP量表）、环境知识、环境行为的相关内容。虽然环境部分的样本量有所减少，但根据最初的问卷抽样设计，统计结果仍然可进行推论。

同时，本书还使用了历年《中国统计年鉴》《教育统计年鉴》《中国交通年鉴》等年鉴数据，以及中经网统计数据等网络数据，用以分析和说明观点。

二　因变量

本书的因变量是"绿色生活方式"，如前文所述"环境关心""环境知识""环境行为"水平的高低是衡量生活方式是否"绿色"或者说是否具有绿色转向的重要标准，所以笔者将"绿色生活方式"操作化为"环境关心""环境知识""环境行为"。笔者先将这三个变量分别作为因变量进行了不同时间段（2003年、2010年）的比较研究。随后，通过多元线性回归检验绿色生活方式的结构假设和价值假设。

◆◇◆ 中国当代居民绿色生活方式的构建

环境关心：因变量环境关心是通过修订过的 NEP 量表来测定。2003 年和 2010 年中国综合社会调查问卷中包含该量表，量表包括 15 个题目："1）目前的人口总量正在接近地球所能承受的极限；2）人是最重要的，可以为了满足自己的需要而改变自然环境；3）人类对于自然的破坏常常导致灾难性后果；4）由于人类的智慧，地球环境状况的改善是完全可能的；5）目前人类正在滥用和破坏环境；6）只要我们知道如何开发，地球上的资源还是很充足的；7）动植物与人类有着一样的生存权；8）自然界的自我平衡能力足够强，完全可以应付现代工业社会的冲击；9）尽管人类有着特殊能力，但是仍然受到自然规律的支配；10）所谓人类正在面临"环境危机"，是一种过分夸大的说法；11）地球就像宇宙飞船，只有很有限的空间和资源；12）人类生来就是主人，是要统治自然界的其他部分的；13）自然界的平衡是很脆弱的，很容易被打乱；14）人类终将知道更多的自然规律，从而有能力控制自然；15）如果一切按照目前的样子继续，我们很快将遭受严重的环境灾难。"首先，对 NEP 量表进行赋值，其中 1）、3）、5）、7）、9）、11）、13）、15）项是正向问题，被访者越是表示同意，说明其环境关系越强烈，所以把回答"非常同意""比较同意""说不清楚/不确定""不太同意"和"很不同意"分别赋值为 5、4、3、2、1。而 2）、4）、6）、8）、10）、12）、14）项是负向问题，被访者越是表示同意，说明其环境关心的程度越低，因此把回答"非常同意""比较同意""说不清楚/不确定""不太同意"和"很不同意"分别赋值为 1、2、3、4、5。在数据处理中排除掉了缺失值，将其重新编码为中间值 3。然后加以验证性因子分析获得因子负载进行加权累加，形成环境关心变量，得分越高，则表示环境关心水平越高。

环境知识：2003 年和 2010 年中国综合社会调查采用的是同一个环境知识量表，包括 10 个题目："1）汽车尾气对人体健康不会造成威胁；2）过量使用化肥农药会导致环境破坏；3）含磷洗衣粉的使用不会造成

第四章　生活方式的绿色转向及其影响因素

水污染；4）含氟冰箱的氟排放会成为破坏大气臭氧层的因素；5）酸雨的产生与烧煤没有关系；6）物种之间相互依存，一个物种的消失会产生连锁反应；7）空气质量报告中，三级空气质量意味着比一级空气质量好；8）单一品种的树林更容易导致病虫害；9）水体污染报告中，V（5）类水质意味着要比Ⅰ（1）类水质好；10）大气中二氧化碳成分的增加会成为气候变暖的因素。"其中，1）、3）、5）、7）、9）项为错误说法，2）、4）、6）、8）、10）项为正确说法。判断正确的笔者将其赋值为1，其他回答赋值为0，得分越高则环境知识水平越高。

环境行为：在调查问卷中，还有这样几道题目，是关于环境行为的，笔者也将其纳入"绿色生活方式"这一因变量中。CGSS2003中有一个包含10个项目的行为量表，包括：1）垃圾分类投放；2）与自己的亲戚朋友讨论环保问题；3）采购日常用品时自己带购物篮或购物袋；4）对塑料包装袋进行重复利用；5）为环境保护捐款；6）主动关注广播、电视和报刊中报道的环境问题和环保信息；7）积极参加政府和单位组织的环保宣传教育活动；8）积极参加民间环保团体举办的环保活动；9）自费养护树林或绿地；10）积极参加要求解决环境问题的投诉、上诉。"在问卷调查中询问了被访者在过去的一年里是否"从不""偶尔"和"经常"做出这10项不同的行为。笔者将"从不""偶尔"和"经常"分别赋值为0、1、2。得分越高者其做出的具体环境行为水平越高。

CGSS2010中关于日常环境行为的6个问题包括："1）您经常会特意将玻璃、铝罐、塑料或报纸等进行分类以方便回收吗？2）您经常会特意购买没有施用过化肥和农药的水果和蔬菜吗？3）您经常会特意为了环境保护而减少开车吗？4）您经常会特意为了保护环境而减少居家的油、气、电等能源或燃料的消耗量吗？5）您经常会特意为了环境保护而节约用水或对水进行再利用吗？6）您经常会特意为了环境保护而不去购买某些产品吗？"其回答包括"总是""经常""有时""从不"，分别赋值为4—1，其中三道题目的选项还包括各种不具备条件，如"我居住的地方没有提供回收系统""我没有汽车"等，做缺失值处理。这样处理后，得分越高者其做出的具体环境行为水平越高，它的得分高低则表示环境行为水平的高低。

三 自变量

本书的自变量包括社会结构假设和价值观假设两个方面的变量。

关于社会结构约束假设的变量主要包括：经济发展水平、媒体使用情况和公共事务参与渠道。社会结构假设中涉及的变量均为以东、中、西、东北划分的地区性变量。根据地理位置和经济发展水平，将我国划分为东部、中部、西部三个地区的方法始于1986年，由全国人大六届四次会议通过的"七五"计划正式公布。东部地区包括北京、天津、河北、辽宁、上海、江苏、浙江、福建、山东、广东和海南11个省（市）；中部地区包括山西、内蒙古、吉林、黑龙江、安徽、江西、河南、湖北、湖南、广西10个省（区）；西部地区包括四川、贵州、云南、西藏、陕西、甘肃、青海、宁夏、新疆9个省（区）。1997年全国人大八届五次会议决定设立重庆市为直辖市，并将其划入西部地区后，西部地区所包括的省级行政区就由9个增加为10个省（区、市）。由于内蒙古和广西两个自治区人均国内生产总值的水平正好相当于上述西部10省（市、区）的平均状况，2000年国家制定的在西部大开发中享受优惠政策的范围又增加了内蒙古和广西。目前，西部地区包括的省级行政区共12个，分别是四川、重庆、贵州、云南、西藏、陕西、甘肃、青海、宁夏、新疆、广西、内蒙古；中部地区有6个省级行政区，分别是山西、安徽、江西、河南、湖北、湖南，我们将其中黑吉辽三省单独列为东北地区，东部地区包括10个省级行政区。

经济发展水平：各地区的恩格尔系数，即居民家庭中食物支出占消费总支出的比重；地区的城乡居民平均收入水平。

媒体使用情况：各地区媒体使用变量的建构依据的是CGSS2010问

第四章 生活方式的绿色转向及其影响因素 ◆◇◆

卷中询问受访者过去一年中使用媒体的情况，所列类型有报纸杂志、广播、电视、互联网（包括手机上网）和手机定制消息。将选择"从不""很少""有时""经常"和"总是"依次赋值为1—5分。

公共事务参与渠道：公众参与公共事务需要通过一定的路径和渠道，从社会结构层面来看属于制度保障措施，笔者选取了问卷中的两个主要问题，"近三年，您是否在居（村）委会的换届选举中投过票？""在您所在社区的最近一次业委会选举中，您投过票吗？"以及相关的3个问题，共5项问题，分别赋值。

在关于价值约束假设方面，包括：后物质主义价值观、消费主义价值观、科学主义价值观。

后物质主义价值观：英格尔哈特曾设计了由12个项目组成的量表来测量公众的价值倾向。[①] 要求被访者从12个项目中选出5项。其中，保护言论自由；在重要的政府决策中让人民有更多的发言权；一个更少人情冷漠、更多人情味的社会；在工作单位和社区的有关决定中保障人们的发言权；一个理念比金钱更受尊重的社会。这5项选择被认为是后物质主义者的选择。

在2010年的中国综合社会调查部分，对英格尔哈特的量表进行了改进，设计了4个选项，要求被访者从中选出四项他所赞成的应予优先考虑的目标。这4个项目是：1）维护国内秩序；2）在政府决策中给公民更多话语权；3）抑制物价上涨；4）保障言论自由；持肯定态度的可以被看作是后物质主义者。

消费主义价值观：消费主义概念常常和物质主义一起出现，物质主义最初是一个哲学概念，指的是世界上除了物质及其他运动之外别无他物（Lange & Albert，1925）。在牛津字典中，物质主义的定义是

[①] 这12个项目包括：1）确保社会秩序；2）在重要的政府决策中让人民有更多的发言权；3）抗议价格上涨；4）保护言论自由；5）确保高速度的经济增长；6）确保国家有强大的防卫能力；7）在工作单位和社区的有关决定中保障人们的发言权；8）努力使城市和乡村更加美丽；9）保证经济稳定；10）与犯罪作斗争；11）建设一个更加友好、更富人情味的社会；12）建设一个理念重于金钱的社会。

· 83 ·

◆◇◆ 中国当代居民绿色生活方式的构建

"热衷于物质的需求和欲望，忽视精神层面的追求，是完全以物质兴趣为基础的一种生活方式"。所以，有学者指出物质主义实际上和消费价值观是一脉相承的，Belk 把物质主义定义为消费者对世俗财物所赋予的重要性（Belk, 1985），包括英格尔哈特等学者都尝试使用态度量表来直接测量消费者的物质主义（姚本先、陆敏，2010）。由于 CGSS2010 中并没有专门的物质主义测量量表，但包含一个较为完善的消费价值观的量表，包含 6 项问题，3 个正向问题，3 个负向问题，将其分别赋值，得分越高说明消费主义倾向越强。

科学主义价值观：生态现代化理论的代表性学者 Mol 认为，科学技术不是引发生态危机的诱因，而是加速生态变革的有效工具，对科学技术的认识应当超越"环境问题制造者的角色"转而重视它在预防和解决环境问题中的作用。CGSS2010 问卷中有三个项目是关于被访者对科学的信仰程度以及对科学与环境之间关系的基本态度的，2 个负向问题，1 个正向问题，每一项包含"完全同意"至"完全不同意"5 个选项，笔者将其分别赋值，总计得分越高说明被访者的科学主义价值观倾向越强。

同时，笔者还将一些人口学变量如年龄、性别、受教育程度主要变量的具体名称和内容整理如下（表 4 - 1）：

表 4 - 1 变量一览表

变量名称	内　　容	说　　明
结构假设		
经济发展水平	各地区恩格尔系数、居民收入	
信息获取途径	报纸、杂志为传统媒体；广播、电视、互联网和手机定制消息为新媒体。	每项媒体使用情况包括"从不、很少、有时、经常、总是"五个选项，将五个选项按序赋值为 1—5，确定回答"有时"及以上的达到 70% 为临界值，划分传统媒体和新媒体。

第四章 生活方式的绿色转向及其影响因素 ◆◇◆

续表

变量名称	内　　容	说　　明
公共事务参与渠道	近三年，您是否在居（村）委会的换届选举中投过票？	是＝1，否＝0
	如果参加了投票，您对候选人的情况了解吗？	非常了解—很不了解分别赋值为5—1
	您在所在社区的业主委员会选举中是否担任过候选人？	担任过＝1，没担任过＝0
	在您所在社区的最近一次业委会选举中，您投过票吗？	是＝1，否＝0
	您对候选人的情况了解吗？	非常了解—很不了解分别赋值为5—1
价值假设		
后物质主义价值观	1. 维护国内秩序 2. 在政府决策中给公民更多话语权 3. 抑制物价上涨 4. 保护言论自由	"在政府决策中给公民更多话语权"和"保护言论自由"赋值为1，其他赋值为0，并相应赋予最优先、第二优先的选择以2、1权重。
消费价值观	1. 有了多余的钱，我首先考虑的是存起来。 2. 买东西应该讲究实用，是不是名牌不重要。 3. 我周围的人有的名牌货，我也得有。 4. 日常吃饭可以简朴点，但是穿着得讲究。 5. "花明天的钱，圆今天的梦"，透支消费很正常。 6. 穿名牌，面子上会好看些。	1、2、4三项属于正向问题，对回答"完全不同意"至"完全同意"的回答分别赋值为5—1，3、5、6为负向问题，对回答"完全不同意"至"完全同意"分别赋值为1—5，将6项相加，分值越高消费主义倾向越强。
科学主义价值观	1. 我们常常太相信科学而不够相信情感和宗教信仰。 2. 总体上，现代科学带来的坏处比好处多。 3. 现代科学将会在几乎不改变我们生活方式的同时解决环境问题。	每一项包含"完全同意"至"完全不同意"五个选项，1、2为负向问题，分别赋值为5—1，3为正向问题，赋值1—5，总的得分越高说明越相信科学。
其他人口学变量		
收入	您个人去年全年的总收入	
地区	将所有变量划分为东、中、西、东北四个地区	
性别		

续表

变量名称	内　容	说　明
年龄		
受教育程度	您目前的最高教育程度	做分类处理，"没有受过任何教育"为文盲，"私塾、小学、初中"为初等教育，"职业高中、普通高中、中专、技校"为中等教育，"大学专科、大学本科及研究生"为高等教育。

控制变量为教育程度、性别、收入、年龄、城乡和地区。个人的生命周期分为不同的阶段，在每个阶段人的需求不同，同时人的需求也随着收入水平、消费习惯、生活习惯等发生变化，其对环境的态度也是不同的（莫尔等，2011：78）；在环境社会学领域，大量研究表明年龄与环境行为呈反比，也就是年轻人更关注环境问题，而年纪大一些的个体在适龄劳动力时期更为关注事业、经济等物质方面。

另外，家庭特征与生活能耗消费关系密切，有研究表明，约一半的家庭能源消费受到家庭的交通出行方式和其他家庭习惯性行为影响；而家庭规模越大，则人均生活耗能减少量越多，也就是说，当一个家庭人口越多时，家庭成员会主动进行节能改进，家庭人口数量与环境行为呈正比（Schipper，1996：73－89）。

第三节　当代中国居民绿色生活方式的基本状况

一　当代中国居民生活方式的绿色转向

在前文中，我们认为绿色生活方式包括以环境关心为代表的关注维度、以环境知识掌握为代表的意向维度和以具体环境行为为代表的实施维度。在此，我们使用中国社会综合数据调查2003年和2010年的数据对这三个维度的环境关心、环境知识和环境行为的基本状况做一个简单的整理和对比。

第四章 生活方式的绿色转向及其影响因素

表4-2 2003年、2010年城市居民环境关心、环境知识和环境行为的变化情况（中位数）

	环境关心 2003	环境关心 2010	环境知识 2003	环境知识 2010	环境行为 2003	环境行为 2010
全国	3.45	3.63	0.72	0.87	2.12	2.39
东部	3.47	3.67	0.74	0.89	2.16	2.55
中部	3.46	3.55	0.72	0.86	2.07	2.21
西部	3.41	3.60	0.71	0.85	2.08	2.28
东北	3.34	3.63	0.70	0.88	2.14	2.17

表4-3 2003年、2010年城市居民环境关心、环境知识和环境行为的变化情况（百分数得分）

	环境关心 2003	环境关心 2010	环境知识 2003	环境知识 2010	环境行为 2003	环境行为 2010
全国	51.7	54.4	7.2	8.8	12.7	14.3
东部	52.1	55.0	7.4	8.9	13.0	15.3
中部	52.0	53.2	7.2	8.6	12.4	13.3
西部	51.2	53.9	7.1	8.5	12.4	13.7
东北	50.1	54.4	7.0	8.8	12.8	13.0

总的来看，2010年中国城市居民[1]在环境关心、环境知识、环境行为三个方面都有不同程度的提升。分地区来看，东中西和东北地区的城市居民在环境关心、环境知识、环境行为三个方面也都有所提升，但很难看出哪一方面进步更大。因此，我们将每一项单独做一个百分比的表格（见书末附表），从附表中可以看到，在环境行为上，在"缴纳更高的税"和"降低生活水平"两个问题上回答"比较愿意"或"完全愿意"的比例稍高，只有在"支付更高的价格"这一

---

[1] 2003年的中国综合社会调查由于条件限制只在城市中实施了问卷调查，因此，笔者也选取了2010年的城市居民与之进行对比。

问题上，回答"不愿意"的比例略高。从这几个简单的百分比，我们可以暂时推断，公众愿意为了保护环境纳税，甚至降低生活水平，但对支付更高的价格持保留态度，这也为改变生活方式提供了一种可能。在环境行为表现层面，公众对不同的环境行为有不同的表现没有明显的差异，有两个问题值得注意：第一，回答"总是"的比例并不大，这和前面较高的环境关心水平以及较高的环境知识水平形成了鲜明的对比——公众关注环境，也了解如何保护环境，甚至愿意为保护环境付出一些代价，但落实到行动上就产生了偏差，无论是公共领域还是私人领域空间，都没有保持较高的环境行为输出；第二，其中三项问题的选项中"不具备条件"是指"我居住的地方没有提供回收系统""我居住的地方没有提供无化肥、农药的水果蔬菜""我不开车或没有车"，这些回答在一定程度上为前面意愿与行为的偏差提供了些许解释，但显然不够全面，究竟是什么因素导致了意愿与行为的偏差？生活方式中的哪些因素影响着环境关心、环境知识和环境行为？下文将尝试回答这这些问题。

二 绿色生活方式中环境关心的基本特征

上文我们通过 CGSS2003 和 CGSS2010 的数据进行了纵向对比，这里我们使用 CGSS2010 数据对绿色生活方式的三个维度进行横向对比。0—40 分为不关心，41—60 分为不太关心，60 分以上为关心。男性与女性在绿色生活方式的环境关心上表现差异不大，男性较女性稍高；在不同的年龄层次，不同年龄的居民环境关心水平基本相当；婚内婚外的居民在环境关心上稍有差异，婚内人士（包括结婚和同居）稍高于婚外人士；城乡居民在环境关心上差异较为明显，城市居民要明显高于农村居民；地区间的环境关心差异最为明显，完全不关心/比较不关心的排名先后是：东北地区、西部地区、中部地区、东部地区，也就是说几个地区相比东北地区居民对环境问题最为漠视；而在比较关心/非常关心的比较中，排名基本相反，东部地区最为关

第四章 生活方式的绿色转向及其影响因素

心环境问题,其次是西部地区、中部地区,最后为东北地区。

表4-4　　　　　　　　性别间环境关心的比较　　　　　　（单位:%）

性别	0—40分	41—60分	60分以上
男	12.98	18.11	68.92
女	14.67	20.79	64.54

Pearson chi2（2）=7.8741 Pr=0.020.

表4-5　　　　　　　年龄阶段间环境关心的比较　　　　　　（单位:%）

年龄	0—40分	41—60分	60分以上
小于25岁	9.13	22.12	68.75
26—35岁	9.44	19.13	71.43
36—55岁	10.18	17.59	72.23
56岁以上	11.88	16.99	71.13

Pearson chi2（6）=5.0510 Pr=0.537.

表4-6　　　　　　　婚姻内外环境关心的比较　　　　　　（单位:%）

婚姻情况	0—40分	41—60分	60分以上
婚内	10.15	17.13	72.73
婚外	11.64	21.77	66.59

Pearson chi2（2）=7.0319 Pr=0.030.

表4-7　　　　　　　城乡间环境关心的比较　　　　　　（单位:%）

城乡	0—40分	41—60分	60分以上
城市	13.07	59.09	27.84
农村	26.75	57.95	15.30

Pearson chi2（2）=132.2529 Pr=0.000.

表4-8　　　　　　　地区间环境关心的比较　　　　　（单位:%）

	0—40分	41—60分	60分以上
东部地区	6.32	15.48	78.21
中部地区	11.46	23.63	64.92
西部地区	13.48	13.75	72.78
东北地区	20.91	25.78	53.31

Pearson chi2（6）= 98.6866 Pr = 0.000.

在绿色生活方式中环境关心水平上，差异最为显著的是地区因素。笔者的硕士学位论文曾就地区之间的环境关心之差异做过一些探讨，用的是CGSS2003的数据，研究结果表明，东部地区和西部地区环境关心水平要整体高于中部地区，西部地区也略高于中部地区。由表4-8可以观察到，在环境关心水平上，东部地区和西部地区要明显高于中部地区和东北地区。整体而言，各地区的环境关心水平还是比较高的，均高于50%。

三　绿色生活方式中环境知识的基本特征

表4-9　　　　　　　性别间环境知识的比较　　　　　（单位:%）

	0—40分	41—60分	61—80分	80分以上
男性	11.10	34.20	29.01	25.69
女性	10.68	38.13	29.68	21.51

Pearson chi2（3）= 10.4620 Pr = 0.015.

表4-10　　　　　　年龄阶段间环境知识的比较　　　　（单位:%）

	0—40分	41—60分	61—80分	80分以上
小于25岁	8.20	22.95	37.70	31.15
26—35岁	7.48	33.12	36.11	23.29
36—55岁	11.24	35.74	28.91	24.11
56岁以上	11.71	38.39	27.30	22.59

Pearson chi2（9）= 25.8202 Pr = 0.002.

第四章 生活方式的绿色转向及其影响因素 ◆◇◆

表4-11　　　　　　婚姻内外环境知识的比较　　　　　（单位:%）

	0—40分	41—60分	61—80分	80分以上
婚内	10.63	36.58	28.94	23.84
婚外	11.88	34.57	31.33	22.22

Pearson chi2（3）=2.9552 Pr=0.399.

表4-12　　　　　　城乡间环境知识的比较　　　　　（单位:%）

	0—40分	41—60分	61—80分	80分以上
城市居民	8.18	35.75	31.61	24.46
农村居民	13.48	37.94	26.30	22.28

Pearson chi2（3）=31.7035 Pr=0.000.

表4-13　　　　　　地区间环境知识的比较　　　　　（单位:%）

	0—40分	41—60分	61—80分	80分以上
东部地区	8.27	32.93	33.23	25.57
中部地区	10.85	37.57	31.74	19.84
西部地区	12.40	32.47	25.38	29.75
东北地区	15.45	49.79	21.46	13.30

Pearson chi2（9）=115.1224 Pr=0.000.

在绿色生活方式中环境知识水平上，男性略高于女性，也就是说男性环境知识水平高于女性，从其他学者的研究来看，这可能与男性对于公共问题更为关注有关（彭远春，2013）；在不同的年龄层次，我们发现年龄越小环境知识越丰富，这与已有研究得出了较为一致的结果（洪大用、肖晨阳，2012）；在不同的婚姻状态下，环境知识水平没有明显差异，可见环境知识的掌握程度与婚姻情况没有显著相关性，而是在日常生活尤其是教育或信息浏览中获得的；城市居民较农村居民的环境知识略多，城市居民与农村居民在信息获取渠道、信息获取量上有着较大区别，这可能是他们环境知识水平不同的原因之一；在地区差异层面，与环境关心相一致，在环境知识方面东部地区居民最高，其次是西部地区、中部地区和东北地区居民。

四 绿色生活方式中环境行为的基本特征

0—40分为从不做出环境行为，41—60分为偶尔做出环境行为，61—80分为经常做出环境行为，80分以上为总是做出环境行为。在环境行为的具体实施维度上，性别差异、婚姻状况差异、年龄差异都不再显著，也就是说，无论何种性别、何种年纪、何种婚姻状态都未能对具体的环境行为产生影响；而城乡差异和地区差异依旧是显著的，城市居民做出环境行为的比例要显著高于农村居民，在"总是"和"经常"的比例上城市居民为8.59%和43.17%，而农村居民在这两项上的比例几乎是城市居民的一半；地区差异对具体环境行为的影响也是显著的，由于东北地区在此项的回答率低于100个，未能得出结论，从其他几个地区来看，得分由高到低排列分别是东部地区、西部地区和中部地区。

表4-14　　　　　　性别间环境行为的比较　　　　　（单位:%）

	0—40分	41—60分	61—80分	80分以上
男性	8.66	46.37	38.27	6.70
女性	10.48	40.32	40.32	8.87

Pearson chi2（3）= 2.8032 Pr = 0.423.

表4-15　　　　　年龄阶段间环境行为的比较　　　　（单位:%）

	0—40分	41—60分	61—80分	80分以上
小于25岁	0.00	37.50	62.50	0.00
26—35岁	8.40	46.22	39.50	5.88
36—55岁	8.90	47.77	36.50	6.82
56岁以上	11.97	33.10	43.66	11.27

Pearson chi2（9）= 13.4297 Pr = 0.144.

第四章　生活方式的绿色转向及其影响因素　◆◇◆

表4-16　　　　　　　婚姻内外环境行为的比较　　　　　（单位:%）

	0—40分	41—60分	61—80分	80分以上
婚内	9.76	42.83	40.04	7.37
婚外	7.69	49.04	34.62	8.65

Pearson chi2（3）=1.9839 Pr=0.576.

表4-17　　　　　　　城乡间环境行为的比较　　　　　　（单位:%）

	0—40分	41—60分	61—80分	80分以上
城市居民	5.73	42.51	43.17	8.59
农村居民	21.23	47.95	26.03	4.79

Pearson chi2（3）=39.1062 Pr=0.000.

表4-18　　　　　　　地区间环境行为的比较　　　　　　（单位:%）

	0—40分	41—60分	61—80分	80分以上
东部地区	5.76	39.70	44.55	10.00
中部地区	16.84	52.63	28.42	2.11
西部地区	12.03	46.62	37.59	3.76
东北地区	-	-	-	-

Pearson chi2（9）=32.6023 Pr=0.000.

第四节　模型、结果与分析

一　研究策略与统计模型

本书研究的自变量为连续数值变量，采用多元线性回归作为统计模型。研究的任务是考察绿色生活方式在结构性假设和价值观假设中受到哪些影响。我们首先将因变量分为三组（环境关心、环境知识、环境行为）纳入模型，再考察绿色生活方式的影响。

二　对假设的检验

模型1、模型2和模型3分别是环境关心、环境知识和环境行为

表4-19 绿色生活方式的多元线性回归（2010）

	环境关心 模型1	环境知识 模型2	环境行为 模型3	绿色生活 模型4	绿色生活 模型5	绿色生活 模型6
经济发展阶段	3.46 (5.88)	−1.10 (1.51)	−5.65* (3.01)	−2.63 (3.03)	—	1.42** (2.88)
信息获取渠道	1.58*** (0.32)	0.26*** (0.08)	1.21*** (0.16)	1.29*** (0.17)	—	1.01*** (0.16)
公共事务参与	−0.10 (1.78)	−0.32 (0.46)	2.64*** (0.91)	0.94 (1.01)	—	0.80 (0.87)
后物质主义	5.12*** (1.79)	−0.32 (0.46)	0.34 (0.91)	—	2.25*** (0.83)	2.21** (0.87)
消费主义	0.23 (0.48)	0.24** (0.12)	−0.94*** (0.23)	—	−0.22 (0.22)	0.12** (0.28)
科学主义	1.78*** (0.58)	0.06* (0.15)	0.92*** (0.27)	—	0.28** (0.26)	−0.28 (0.24)
Constant	13.40*** (0.62)	11.35** (0.73)	39.15*** (0.79)	19.15** (0.56)	78.50** (2.41)	74.38*** (2.91)
Observations	2615	2617	2657	3357	2933	2657
R-squared	0.12	0.13	0.22	0.15	0.10	0.12
Adj-R-squared	0.1317	0.1498	0.1544	0.1137	0.1195	0.1453
F	29.43	24.82	11.20	8.25	3.64	3.38
P	0.0000	0.0000	0.0000	0.0000	0.0000	0.0000

Standard errors in parentheses
*** $p<0.01$, ** $p<0.05$, * $p<0.1$

第四章 生活方式的绿色转向及其影响因素 ◆◇◆

的模型，引入了社会结构性变量和价值观变量；模型4、模型5和模型6是关于绿色生活方式的模型；模型4引入了社会结构假设的相关影响因素，模型5引入了价值观变量，模型6是二者共同作用下的绿色生活方式。通过建立模型（如表4-19），我们得到了以下几点发现：

第一，所有的模型都通过了F检验，具有统计显著性，可以被接受。与环境关心和环境知识相比，环境行为模型的解释力大一些，达到15.44%。而在绿色生活方式的模型中，在结构性假设和价值观假设两个模型下，解释力为11.37%和11.95%，二者相结合后解释力为14.53%，这说明还有更多的因素影响着绿色生活方式的走向，有待于进一步挖掘。

第二，信息获取渠道这个因素在所有模型中都有相当显著的影响。可见，快速地获取和掌握信息，无论对于提高环境关心、环境知识水平，还是做出具体的环境行为都是具有相当积极的作用的。近年来，新媒体行业发展迅速，微博、微信、抖音、快手等新媒体平台，为公众提供了海量、快捷的信息，尤其是以视频形式出现的信息，让公众有了更为直观的感受。比如，在2011年在新媒体上出现了关于雾霾的报道，随后在2013年达到高峰，通过微博、微信的传播，空气污染、空气指数、PM2.5等概念迅速、广泛地在公众中传播开来，使公众对环境问题尤其是空气污染问题的重视程度显著提升。但同时，新媒体中海量、快捷的信息往往也存在未经确认、未经筛选、不符合实际情况等问题，在公众中传播迅速往往更容易造成以讹传讹的现象。在模型1中，在控制了教育水平等变量的情况下，经济发展阶段、公共事务的参与渠道和参与水平等变量的作用不再显著；这说明对于环境关心起显著作用的主要还是公众的受教育水平，这与大部分研究中发现的环境关心与受教育水平呈正相关是一致的（洪大用，2012）。

第三，社会结构假设。在社会结构假设中，假设A1"经济发展阶段越高，即经济发展水平越高的地区，其绿色生活方式倾向越强"未得到证明，只有在绿色生活方式中的环境行为维度和模型6中，经济发展阶段确实产生了影响，但并不十分显著。这与笔者10年前所做的研究不尽相同，笔者曾对环境关心的影响因素做过研究，发现经济发展阶段对环境关心具有显著影响（张斐男，2010）。笔者推测，这可能与新媒体的快速发展有关，目前，无论是经济较为发达的地区，还是经济较为落后的地区，由于公众对以手机为载体的新媒体的依赖程度几乎达到同等的水平，在生活中我们可以看到，无论是高校中的高级知识分子还是建筑工地上的工人，无论是"90后""00后"的年轻一代还是60岁、70岁的老年人，人们通过手机获取信息的能力越来越强，加之近年来政府与公众对环境问题的关注，与环境相关的信息越来越多，人们的环境关心水平和环境知识随着信息的掌握能力的提高而增强了。反而使得经济发展水平、个人收入、教育等因素的影响力变弱了。

假设A2"乐于使用新媒体接收信息的居民其绿色生活方式倾向越强"得到了证明。我们观察到无论在环境关心、环境知识和环境行为三个维度上，还是绿色生活方式，对于信息获取渠道来自于新媒体的公众其绿色生活方式及其各方面的水平都比使用旧媒体的公众更高。对资源和信息的接收、分享的能力的确有利于居民对环境问题快速作出反应，比如在环境污染事件中，如果居民使用微博、微信等平台，则他们更有可能发表意见、作出抗争。但结合前文关于环境行为基本情况的数据，我们发现如果落实到具体的环境行为，单依靠对资源和信息的把握还远远不够，这其中还需要一些重要的条件才能使意向转化为具体的环境行为。我们姑且在这里做一些大胆的假设，这些重要的条件或许包括具体的立法允许针对环境行为的抗议活动、有适当的社会组织承担环境行为的指导和辅助工作、有更强烈的公民责任感、有现实条件可供选择（比如前文提到的没有条件进行垃圾回收问题）等。这一点我们将在后文做进一步讨论。

第四章　生活方式的绿色转向及其影响因素

假设A3"公共事务的参与能力越强的居民越具有绿色生活方式倾向"并未得到证实，公共事务的参与仅仅在环境行为方面具有显著影响，也就是说乐于参与公共事务的居民更具有做出环境行为的倾向。但当加入教育、收入等控制变量后，公共事务的参与能力对环境关心和环境知识的影响则不显著了。结合现实情况来看，对公共事务的参与确实对环境行为产生影响，比如在城市垃圾分类工作中，居民参与垃圾分类的积极性是与参与公众事务的能力和水平密切相关的，同时，政策效能感、主观规范都对垃圾分类行为（环境行为）产生直接影响（王晓楠，2020）。

关于价值观假设。假设B1"后物质主义价值观越强烈的人其绿色生活方式倾向越大"部分得到证明，在环境关心方面后物质主义价值观具有显著的正向影响，在仅纳入价值观因素的模型中，后物质主义价值观对绿色生活方式也具有显著的正向影响，但当我们纳入社会结构性因素之后，后物质主义价值观的影响则不再显著了。在过去的研究中，笔者发现中国的后物质主义价值观并不是在各个地区、各个城市同时兴起和发展的，而是后物质主义价值观与物质主义价值观并存的（张斐男，2010）。在社会主义初级阶段，经济发展不均衡，大城市、沿海城市经济社会发展较快，率先进入小康阶段，而中西部地区的许多中小城市，尤其是广大农村地区，经济社会发展缓慢，还处在经济比较落后的阶段。因此，在大城市、沿海地区，后物质主义价值观开始出现并发展起来，由此带来了人们对生活质量、生态环境的关注；而在中西部及广大农村地区，温饱问题刚刚解决，人们的首要需求是经济增长和物质生活水平的提高，在这些地区，物质主义价值观占主导地位，人们甚至宁愿牺牲生态环境换取经济的发展。正如国内学者指出的，我国的环境问题存在区域分化的趋势（洪大用，2000）。环境关心水平也随之呈现分化趋势，后物质主义价值观逐渐发展起来的地区环境关心水平越高。消费主义认为，人们在满足了基本的物质消费需求后，消费就不再仅是一个经济、实用的过程。在精神需求、生态需求的消费中，越来越多地涉及文化符号及其象征意义，消费已经成为人们建构生活方式的主要手段（王宁，2011）。这种消费层次的转变体现了价值观的转变。由物质消费向精神消费的逐步转变说明，人们在解决了温饱问题后已经开始有了更高层次的追求，但在我国不同地区、不同群体间同时存在物质主义与后物质主义价值观。这也证实了模型中，为什么当我们加入社会结构性因素后，后物质主义价值观则变得不再显著了。各国经验表明，消费层次的提升是后物质主义价值观产生和发展的主要表现。所以，假设 B2 "消费主义倾向越低的人其绿色生活方式倾向越大"得到了部分证实，消费主义倾向越低的公众其环境知识、环境行为水平越高，在模型 6 中，消费主义倾向越低的公众其绿色生活方式的倾向越强。除了环境关心，在其他方面消费主义价值观都具有显著性，这可能与目前中国同时存在物质主义和后物质主义价值观有关，一方面，社会风气还是更倾向于"买买买"，人们在物质上较之改革开放前后具有更高的需求，消费主义、享乐主义盛行，"炫富风"此起彼伏，如 19 世纪的欧洲富有阶层一样，人们乐于以消费能力来彰显社会地位；另一方面，消费能力的高低并不能决定环境行为的水平，一些研究发现中产阶级往往是环境保护的先驱，这并不是因为他们具备更高的消费能力，很有可能是他们的价值观使他们更加关注环保，使他们具有更强的环保意识。随着人们认识的提高，绿色经济的兴起，绿色产业的发展，让绿色消费已经成为一部分人的追求，人们更加注重消费品本身，包括包装、产品宣传等方面是否对环境产生了污染，曾经多地都发出"限塑令"，环保节能产品更受到公众的欢迎，这些都是消费观的改变，对建构绿色生活方式具有积极的正向影响。

假设 B3 "越是关注科学、相信科学的居民其绿生活方式倾向越强"部分得到证实。在环境关心、环境知识、环境行为方面，科学主义具有显著作用，也就是说越关注科学、相信科学的公众其环境关心、环境知识、环境行为水平也越高，对科学的信仰与现代性联系在一起，尤其在后工业时代，即在信息科学、生物科学迅猛发展的今天，科技的力量不仅能帮助人们认识、了解环境问题，同时也有利于环境问题的解决。因此，具有更强的科学主义倾向的人其环境行为也愈加强烈。但在模型6中，当我们纳入社会结构变量之后，科学主义价值观的影响则消失了，变得不再显著。这说明，社会结构性因素对整个绿色生活方式的影响要强于价值观的影响。在建构绿色生活方式的过程中，社会结构性因素是更为主要的影响因素。

三 小结

在CGSS2010的居民调查问卷中，有这样一个问题，"我很难弄清楚我现在的生活方式是对环境有害还是有益"，其中，表示不同意这种说法的人占回答比例的31.73%，表示同意这一说法的回答比例为44.97%，还有23.30%的人不置可否。可见，目前的生活方式究竟能对环境产生怎样的影响，居民对此问题仍然不明确。虽然在目前的日常生活中，我们经常能够看到一些具有绿色生活方式萌芽的情景出现，比如各大中型城市纷纷开启了垃圾分类工程，在农村环境整治工作中，也能够看到人居环境改善、减少化肥农药地膜的使用等状况，但究竟目前的生活方式是否具有绿色生活方式萌芽或倾向呢？我们可以从数据中管中窥豹，得出一些具有建设意义的结论。

首先，目前的社会结构性因素和价值观因素能够对环境关心、环境知识和环境行为产生影响，并且对绿色生活方式也具有不同程度的显著性影响。我们从模型中发现，模型的解释力对环境关心和环境行为的影响比较强，从已有研究来看，如果我们纳入更多的与教育相关的影响因素，对环境知识的解释力也能够更强，但由于教育不是本书研究框架中的重要因素，因此我们只将其作为控制变量处理，所以模型对环境知识的显著性较弱。同时，在纳入社会结构性因素后，在模型6中，价值观相关的变量对绿色生活方式的影响降低了，可见客观环境，比如社会政策等必然会对绿色生活方式产生更为深远的影响。

然而，在研究中，结合基本数据（见附表）我们发现，在环境行为的六个题目中，有三个题目还有"不具备条件"这一选项，比如，选择"我居住的地方没有回收系统"占回答比例的近27%、选择"我居住的地方没有提供（有机蔬菜）"占24%。虽然这些选择并没能体现在模型中，其不具备统计学意义，但仍然为我们回答"生活中环境行为为何难以实施"这一问题提供了可能。

其次，信息来源渠道是能否产生绿色生活方式倾向的一个重要因素。从模型中我们看到，信息来源渠道（即使用新旧媒体的选择）对于环境关心、环境知识、环境行为和整个绿色生活方式都具有显著影响。在信息技术高度发达的今天，对信息的掌握程度、获取信息的速度都很容易对公众的个人认知、决策产生影响。试想，当发生某一环境事件后，我们很容易从手机里各种咨询APP中获得最新、最详细的报道，必然会对公众的环境关心程度产生影响。比如在垃圾分类过程中，从宣传垃圾分类、发布分类要求到社区中发布分拣地点、分拣时间等都离不开以手机为核心的信息发布系统，如政府公众号、社区业主群等，所以，对新旧媒体的选择也就是对信息来源和信息获取速度的选择，为绿色生活方式的实现提供了现实基础。但另一方面，如前文所述，也要注意以讹传讹的情况，假信息、谣言的传播，对提高公众环境知识、获取有益环境信息也可能产生负面影响。

复次，后物质主义价值观目前在中国发育还不成熟，还未对环境行为产生较大影响。英格尔哈特用稀缺性假设和社会化假设来解释物质主义价值观向后物质主义价值观转变的过程。所谓稀缺性假设，实际上是借用了经济学的概念，即认为人们会把主要的价值取向放在社会中相对稀缺的事物上，比如在经济发展初期，物质相对匮乏，人们的主要价值取向是以物质主义为主，而随着经济发展、社会进步，物质水平提高，因此物质的相对稀缺性减弱，人们的主要价值取向随即发生变化，开始向非物质的、精神层面的事务转变。这一假设类似于经济学中的边际递减效应。换句话说，当经济上相对落后、收入低、

第四章 生活方式的绿色转向及其影响因素 ◆◇◆

物质生活缺乏的时候,人们就会把财富和安全放到一个比较重要的位置;当经济发达、收入高、物质丰富的时候,人们就会把自我表达、公民权利、个人发展等放到较为重要的位置。这就形成了后物质主义价值观的核心——自我表达、个体发展。比如,关注生态环境,寻求更好的生存空间,参与更多的公共事务,都是后物质主义价值观的体现。社会化假说则认为个体人格的形成需要一个较长的时期。青少年时期的"社会化"几乎决定了个体人格的形成,因为成年以后的人格变化就比较缓慢。因此,在此基础上,个体价值观不是瞬时能够形成的,而社会主流价值观更加不是一朝一夕能够改变的,价值观的变迁往往要滞后于社会经济的发展,价值观的变迁往往发生在代际传递之间,也就是生活中常说的"代沟"。

在这两个假说的基础上,英格尔哈特得出中国尚未进入后物质主义价值观阶段的结论,他预测中国会在 20 年或 25 年之后才会出现类似美国和西欧国家 20 世纪 60 年代发生的代际价值观转变(英格尔哈特,2013)。我们再来观察中国社会的后物质主义价值观的发展情况,不难发现:第一,中国的后物质主义价值观出现较晚、发展缓慢。20 世纪 70 年代末,中国开始改革开放,在改革开放前和改革开放初期,公众的物质生活还比较匮乏,解决温饱问题还是改革开放的首要目标,没有条件出现后物质主义价值观。进入 21 世纪,中国社会飞速发展,2003 年中国人均 GDP 首次突破 1000 美元,2007 年这个数据已经超过 2000 美元,2015 年人均 GDP 达到 7600 美元[1],从国际惯例来看,已经远远超过了后物质主义的临界点[2]。但中国的后物质主义价值观仍然发展缓慢,其中一个重要原因在于经济发展的不平衡。2014 年,我国已经有北京、上海、天津、江苏、浙江等 9 个省份人

---

[1] 国家统计局:http://data.stats.gov.cn,2015 年 11 月 12 日。
[2] 以 20 世纪 50 年代后期的北欧为例,北欧 5 国人均国民生产总值,瑞典为 1380 美元,挪威为 1130 美元,丹麦为 1057 美元,芬兰为 794 美元,冰岛为 572 美元。在这个基础上,这些国家强化了福利国家政策,兴起了"后物质主义"价值观。

均 GDP 超过了 10000 美元，已经进入了发达国家阶段；与此同时，还有甘肃、西藏等省份人均 GDP 不足 5000 美元①。已有研究表明，贫富差距、地区差距的确是环境关心的主要影响因素（洪大用、范叶超，2015；张斐男，2010）。因此，中国的后物质主义价值观发展缓慢。第二，未来中国后物质主义价值观的发展还有很大的空间。从西方后物质主义价值观的发展规律来看，后物质主义价值观最早出现并且快速发展于中产阶层。从"NOT IN MY YARD"等一系列的生态环保运动到"绿色政治"，对环境问题的关注是后物质主义价值观的一个重要展现渠道。经历了几次大面积雾霾以及污染事件，中国公众对环境问题的关注也达到了前所未有的程度，建立环境友好型、资源节约型社会成为官方与公众的共同追求。在这样一种社会条件下，随着经济的发展、社会的转型、公众追求的转变，后物质主义价值观或许有可能在这一契机下迅速发展起来，如能发育快速、完善，或可成为环境保护的重要支撑。

最后，需要说明的是，休闲活动，尤其是发展型休闲活动对绿色生活方式具有何种影响是十分值得讨论的，在一些研究中已经获得了一些发现，即绿色生活方式具有休闲的内涵，休闲活动与绿色生活方式具有内在统一性（马文佳，2019；何志玉，2018）。由于数据限制，本书并未将其纳入模型，但依然会在后文做出讨论。在环境社会学中，对消费领域的研究远远多于对休闲行为的研究。然而，在全球化、现代化的大潮中，生产率大幅度提高，生活中人们有了更多的时间休闲放松。有一句流传很广的话，"一个人的成功，取决于他 8 小时工作之外"。言外之意，休闲时间的利用是个人寻求自我发展、提高素质的关键。现代社会下公众的休闲主要有以下几点特征：首先，劳动和休闲具有对立性。休闲完全是劳动时间之外的事情，马克思认为，资产阶级在脱离了社会劳动的基础上，才有时间和精力去从事休

---

① 国家统计局：《中国统计年鉴》，中国统计出版社 2015 年版。

闲活动，而他们从事休闲活动的前提是工人阶级付出了更多的劳动时间。但同时，马克思也肯定了休闲时间的利用是社会文明的基础，他认为工人阶级的剩余劳动时间也是社会发展和文化发展的基础（《马克思恩格斯全集》，2003：257）。其次，现代社会的休闲主要以炫耀性物质消费为基础。凡勃伦在《有闲阶级论》一书中描写过19世纪一些富有阶层——他称其为有闲阶级的群体的休闲生活：他们不做体力劳动生产物质产品，也不生产传世的思想，他们大量的、单纯的消费目的就是标榜自己的富有和社会地位。凡勃伦所描绘的19世纪欧洲富有阶层的休闲生活，在一定程度上也符合当代中国公众的休闲特征。这些完全以物质享受为全部内容的休闲被称为异化的休闲。

除此之外，我们也应该看到以自我发展为核心的休闲活动对环境保护的积极意义。主要体现在两个方面：第一，发展型休闲活动能够提高个体的素质和修养，比如读书、参加体育锻炼等，研究表明，个体的环境关心与教育水平显著相关，能够在休闲活动中提高自我修养，对于提高环境行为具有积极意义；第二，在休闲活动中个体有更多机会参与公共事务，马克思认为人具有自然属性和社会属性，人的社会属性就表现为"社会的活动和社会的享受"，比如近年来盛行的徒步环保活动等，参与者众多，在这些社会活动之中，公众有机会认识、接触环保话题，并直接作出可能的环境行为。因此，马克思所提出的"人的全面发展"为核心的休闲活动有利于塑造更加健康环保的生活方式，改变以消费为主要内容的异化的休闲，实现自我发展与社会发展的一致性。

第五章 生活方式的理想类型

第一节 生活方式的理想类型划分

一 生活方式中的传统与现代维度

从 20 世纪后期到现在,各国的尤其发达国家的环境运动,都存在比较明显的两面性。一方面是对环境污染的控诉,引起对传统社会的、田园生活的向往,同时对工业社会的科学、技术与主流的社会组织形式(如科层制等高效率的管理体制)持批判态度。这些批评的观点普遍认为,大自然是神圣不可侵犯的,自然界有其特有的运行规律,人类应当尊重、珍视、遵循这些规律。坚持这种传统的、田园式的浪漫主义理想的人认为,工业社会中的工具理性正在逐步使人类社会走向扩散,至少在某种程度上,"浪漫主义的思考以及常随之而来的针对工业社会的批评,对当代的生态敏感性起着重要的塑造作用"。(莫尔、索南菲尔德,2011:106)应当在社会整合被打乱之前重拾传统社会的价值观和生活方式。美国"地球优先"荒原保护组织、坚决反对转基因食物的群体都或多或少表达了这种怀念传统、反对现代化的观点。

环境运动思潮的另一方面更为实际,更为主流价值观所接受,"这种思潮并不认为技术知识让我们丧失人性从而加以摒弃,而是将科学和技术视为减轻生态担忧的重要途径"。(莫尔、索南菲尔德,

2011：106）这种思潮甚至发展成一种影响十分广泛的被称为生态现代化的理论形态。无论如何，将科学技术、工具理性等现代化的主要特征看作环境改善的基础是为更多人所接受的观点，这种思维一直影响着当代环境政策的制定、环境管理等一系列的人类环保活动。

第一种传统主义的环境诉求主要起到了唤起人们环境意识的作用，随着人们环境意识的不断增强，各国政府也开始努力应对环境问题，通过制定环境法律、环境政策等方式满足人们对于改善环境、控制污染的诉求。第二种以科学技术为核心的现代实用主义思潮更为主流公众所接受，一方面它适应了人们已经改变了的现代生活方式；另一方面它与经济发展的目标不存在明显的冲突，而且事实证明科学技术确实能够在改变环境污染过程中做出贡献，因此第二种思潮更接近现代社会的环保诉求。

二 生活方式的四种类型

将传统到现代思潮作为横轴，将生活中"绿"与"非绿"，在思想和行为上是环保还是非环保，即环境行为的高低——作为纵轴，二者相交，我们可以获得一个关于是否具有环保倾向的生活方式的图景。（如图5-1）

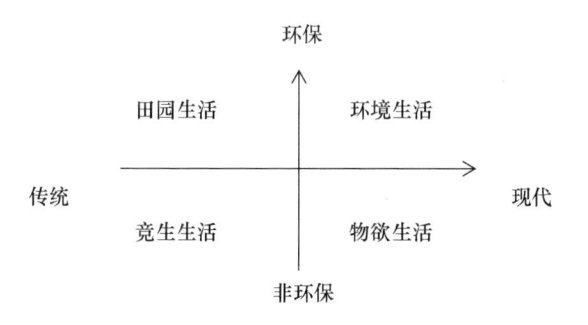

图 5-1 四种生活方式类型

第一，田园生活。田园诗式的生活方式，其主要特点在于它的较

◆◇◆ 中国当代居民绿色生活方式的构建

高的环境行为并非来自于个体的环境意识，或者它的高环境行为说不是主动的环境保护行为，而是在这样一种生活方式下的行为其大部分就天然地与环境和谐共生。换句话说，这些环境行为是自在的而非自为的。而这种田园生活下并非所有的行为都是与环境相友好的。传统农耕社会下的生活是田园生活的典型。

从经济运行方式来看，农本社会的经济基础是以小农经济为主的自给自足的自然经济。社会的基本结构以家庭为单位，家国同构，国家就是家庭、宗族的扩大，形成了费孝通先生所论述的"乡土社会"。乡土社会的经济状况是不容乐观的，珀金斯从对中国1386年到1968年的农业发展进行了研究，"他认为中国的农业是以人口增长为动力的，但这种发展只是一种单纯的量的积累和增长，并未发生质的变化"（珀金斯，1984）。费孝通先生也强调了人口压力与土地资源的矛盾，费孝通先生认为中国农村问题的主要根源就在于资源不足而人口过剩（费孝通、张之毅，1990：49）。计划经济时代并没有打破原来的农本社会的经济模式，而是更加巩固了这种乡土经济的负面作用，强化着城市与乡村的二元结构，生产呈现量的增长却难以产生质的飞跃，与此同时，经济制度的强化决定了更深层次的文化机制和思维定式。在某种程度上，计划经济是传统农本社会自然经济的延续。

第二，竞生生活。之所以将其称为"竞生"，主要原因在于这类生活方式的主要特征是竞争、掠夺、侵略、征服。其竞争、掠夺、侵略和征服的对象不仅是不同的群体，更是自然环境和资源。人们通过对资源的掠夺、侵略和对不适于人类生存的环境的征服实现繁衍生息，扩大生存空间。19世纪的工业革命、中华人民共和国成立初期以及20世纪50年代开垦北大荒都是这种生活方式的典型。

竞生生活的主要特征是人与自然的竞争、人与人之间的竞争，表现为个体在获取生存发展空间时与自然和他人的争夺。较之田园生活，竞生生活的社会交往范围有所扩大，但仍然停留在较为初级的关系网中，比如家庭、邻里、工作伙伴等日常生活中能够直接接触到的群体。消费能力停留在较低的水平,这一时期,中国的恩格尔系数停留在60%左右,人民生活处于绝对贫困状态(朱高林,2015:24)。在1949年后相当一段时期内,居民消费水平增长速度极低,消费结构也较为单一,人们大多以"吃饱穿暖"为主要追求。

表5-1 中华人民共和国成立初期我国居民消费水平年均增长速度

时期	按可比价格计算		
	全国居民	城镇居民	农村居民
"一五"时期	4.2	3.2	4.8
"二五"时期	-3.3	-3.3	-5.2
1963—1965年	8.6	8.2	12.3
"三五"时期	2.1	2.5	2.1
"四五"时期	2.2	1.3	4.2
"五五"时期	4.8	4.1	4.9

数据来源:中华人民共和国国家统计局:《中国统计年鉴1987》,国家统计出版社1987年版,第114页。

中华人民共和国成立初期,中国人均耕地面积只有世界人均耕地面积的1/3,再加上特殊历史时期的限制,农产品远远不能满足居民的需求。1978年人均主要农产品产量分别是粮食637市斤,棉花4.5市斤,食用油4.8市斤,糖4.7市斤,肉17.9市斤,水产品9.7市斤,而同一时期世界平均水平为粮食874市斤,食用油30市斤,糖50市斤,肉40市斤,中国居民的主要农产品全部大大低于世界平均水平。在这种普遍的"忍饥挨饿"时期,最大限度地向自然索取,将北大荒大面积的原始森林、沼泽、湿地等改造为耕地,虽然从今天的眼光来看是破坏环境的行为,但在当时却是最为理性的、有勇气的决定。在吃不饱穿不暖的时期,温饱是国家和居民的最主要追求,而保护自然、节约资源等环境行为根本无法成为当时主要的社会诉求。在价值观层面,这一时期影响人们消费、社会交往等行为的一个重要因素是1949年以来在中国传统观念基础上结合政治力量，在全国范围内形成一股以节俭为美、以吃苦为乐的价值理念，形成这种价值理念的主要途径有三个：一是上行下效，毛泽东在七届二中全会上号召全党务必保持艰苦朴素的作风，领导人和老一辈革命家带头勤俭节约，吃苦耐劳，成为群众仿效的楷模；二是舆论引导，从20世纪50—70年代，各种赞扬勤俭节约、吃苦耐劳的宣传口号广泛流传，"新三年、旧三年、缝缝补补又三年""吃苦在先、享受在后""不做资产阶级少爷小姐"等，使艰苦奋斗内化成为公众的是非观念，甚至上升为一种社会普遍通行的价值准则；三是贴阶级标签，为勤俭节约、吃苦耐劳贴上了社会主义的标签，而洗澡、化妆、喷香水、穿裙子、吃面包、喝咖啡等行为因为被贴上了资本主义的标签而成为当时大众所不齿的事情。这种政治宣传口号和贴阶级标签在全社会范围内形成一种软约束，人们甚至为了符合公众的和社会的主流价值观降低自己的生活标准，禁欲成了一种被歌颂的美德。艰苦朴素、勤俭节约、吃苦耐劳等品质本来是一种积极上进的良好品德，甚至在特定历史时期作出了突出贡献，但过分地宣传，尤其是将其与政治理念结合起来，贴上阶级标签，则改变了其原有的积极意味，而变成虚假的、短暂的软约束，只在物质条件不够优越的特定历史时期起作用，并没有成为持之以恒、一以贯之的国民特性。这在改革开放以后的消费观念改变上体现得尤为明显。

第三，物欲生活。提及"物欲"的生活最能够为人们所理解，"物欲主义""物欲时代"等，似乎"物欲"最能成为当代消费社会的代名词。与大量生产、大量消费相适应的生活方式即物欲生活。满足物质欲望，不断地提高生活的整洁舒适度、不断地追求更新潮更时尚的商品是对"物欲"最好的诠释。从历史实践来看，在满足了最基本的生活要求之后，追求享受、享乐是任何国家和社会不可避免的一种趋势。我们对于追求物质享受并不持绝对的反对态度。当今社会——西方社会或中国社会，任何阶层都或多或少地正在经历着物欲

第五章　生活方式的理想类型

生活，可以说当今社会就是物欲生活的典型例子。

十四届三中全会以后，邓小平提出"胆子更大一点，步子更快一点"的精神，中国加快了市场经济的步伐，居民收入水平持续保持较高幅度的增长。1989年城市人均收入为739元，农村人均收入为398元，1995年，城市人均收入达到了4283元，农村人均收入达到1578元。[①] 十四届三中全会前后，随着改革开放的推进，城乡居民收入水平大幅度增长，居民消费由前一时期量的增长逐渐走上质的飞跃，由生存型消费向发展型、享受型转变。在食品消费上，城镇居民恩格尔系数从2000年起开始低于0.4，这标着城镇居民消费格局进入了一个新的阶段。在生活中，餐饮和衣着消费逐年增加，以餐饮消费为例，外出就餐过去是一种逢年过节才有的奢侈行为，而在这一阶段，越来越多的居民习惯于"下馆子"，在居民食品消费的各项支出中，外出饮食支出是增长最快的项目，1993—2011年，我国城镇居民人均外出就餐由160.66元上升到1183.20元，所占食品支出比重从8.7%上升至21.5%（朱高林，2014：95）。餐饮业的迅速发展从一个侧面反映了居民消费观念和消费模式的转变。在穿着上，不仅衣着消费支出大幅度增长，还逐渐向个性化、品牌化方向发展。

第四，绿色生活。第四种即我们所探寻的绿色生活方式。在思想理念上它是现代化的产物，它支持科学技术对生活和环境的改造，在这种生活方式下人们具有较高的环境素养，具有较强的环境关心，较为丰富的环境知识，并更容易做出环境行为。而与第一种田园生活最大的不同在于，绿色生活方式下的环境行为是人们出于对环境保护的考虑而主动实施的行为，它包括设立的制度或体制、环境政策以及生活中的一些基本行为。这些环境行为是自为的而非自在的。环境生活并不是反传统的，它与传统的生活并非绝对对立，而是在传统的基础上形成的，它的现代性并不仅仅体现在对科学技术、现代管理的认同

---

① 国家统计局：《新中国60年》，中国统计出版社2009年版，第592页。

上，而是对现代社会、现代生活的完善。"理性、科学、现代信息、继续教育、现代经营、现代管理等要素会逐步改变他们的生存状态，从被动的、消极的、自在的生存状态进入自由自觉的、理性的生存状态。而且，这种文化精神和生存方式的进一步发展，会逐步生成人们所期待的相对自律的'市民社会'或'公民社会'，形成现代社会所必需的，相对自律的公共文化领域和公共文化精神。"（衣俊卿，2005：308）绿色生活方式既是对以上这种精神的占有，同时又是对与之相适应的社会运行模式的占有，也就是说它既是精神的又是物质的，并非看不见摸不着的空中楼阁。

从价值观的角度来看，当代社会对于与田园生活、竞生生活相适应的传统价值观和与物欲生活相对应的享乐主义价值观都有着两种极端的思想倾向。对于传统价值观存在两种极端思想倾向：一是全面否定传统价值观，认为传统价值观是落后、保守的象征，将阻碍现代化进程；二是片面夸大传统价值观的优点，将传统视为经典和准则，认为要回归传统，保留经典。对于享乐主义价值观也有两种思想倾向：一是全面否定，认为正是这种物欲的、无限度的享乐才造成了巨大的资源浪费；二是肯定享乐主义的必然性，在经历了物质极度贫乏的阶段后，迎来了物质极大丰富的时期，尤其是国家出于发展经济的需要不断出台促进消费的相关政策，人们普遍形成了大量消费、享受生活的价值判断。对于绿色生活方式而言，并不绝对地肯定或否定传统的勤俭节约、吃苦耐劳的价值观，也不绝对地肯定或否定当代社会普遍的消费主义、享乐主义。任何一种价值观的出现都有着其特定的历史和社会环境，而为了适应现代化的可持续的发展，与绿色生活方式相适应的价值观应当是超越传统和现代的，它肯定和保留克勤克俭的价值理念，同时也要满足公众对于整洁、便利、健康的生活的追求，最为重要的是，它应当满足人的现代化的需要，即获得不断的自我肯定和发展。正如殷陆君等人所说，人的现代化是实现国家和社会现代化的前提，人的现代化是制度现代化和经济发展的先决条件（殷陆君等，1985：8）。因此，在探讨绿色生活方式的时候，我们所探讨的不仅仅是社会结构的变迁，还包括人的价值观的变迁。

第二节 绿色生活方式的形塑机制

上文是对绿色生活方式的一种理论设想，从社会现实来看，经济持续发展，居民生活质量显著提高，公众对生存环境越发关注。在这样的情况下，建构绿色生活方式很有可能不仅仅是一种理论探讨，如前文所述，绿色生活方式有其实现的社会基础和现实需要。这样，我们就可以继续追问：绿色生活方式要如何才能实现呢？笔者在这里使用两个概念，用以说明形塑绿色生活方式的机制，一是"价值供给"，二是"制度供给"。

"供应"一词产生于生产消费循环研究中，是指一种垂直层面的研究方法，这种供应系统的研究方法认为，"不同的商品或商品类别，应该将特定生产模式与特定消费模式联系在一起的供应链或供应系统组成鲜明的体系"，这一研究方法的优点在于使"控制不同类别商品的各种不同规则变得清晰可见"（Fine & Leopold，1993：4）。如果从更宽泛的层面理解，我们有理由把社会组织服务、政府服务、法律法规、经济手段等也看作一种商品，他们以一定的规则组织在一起，为社会运行提供了可能。因此，本书提出"价值供给"与"制度供给"两个概念。

一 "价值供给"及其局限性

洪大用指出，绿色生活方式的建立至少有两个基本前提：一是基本生活问题解决；二是绿色意识的兴起。基本温饱都解决不了，则很难提及选择另一种生活方式，因此基本生活问题解决是第一个前提。中国目前大部分地区已经解决了基本的温饱问题，实现全面小康。

所谓"绿色意识"即生态环保的价值观念，在环境社会学中，国内外学者较为普遍地称其为环境关心（environmental concern），也就是我们研究框架下的价值供给的主要部分。价值供给是绿色生活方式的社会基础，公众价值观念的转变是实现绿色生活方式的必要前提，但问题在于：价值供给并不能直接转化为建构绿色生活方式的动力，主要表现在三个方面。

第一，价值供给存在地区间的差距。这种地区间的差距体现为东部地区、中部地区和西部地区之间的差异，同时也体现在城镇与农村的差异上。如果从环境关心这类绿色生活方式的价值供给入手去实现绿色生活方式的话，那么有可能出现生活方式领域新的不平等，即绿与非绿的二元分化。早在1995年，零点公司对我国城镇和农村居民的环境意识进行了比对，调查结果显示，城镇居民比农村居民具有更高的环境意识水平（郗小林、徐庆华，1998）。而另一项全面环境意识调查显示，内陆地区（以山西、湖北、甘肃和四川4省为代表）公众比沿海地区（以辽宁、浙江和广东3省为代表）公众更倾向于认为我国存在严重的环境问题。对此，环境社会学领域曾就环境价值观做了许多量化研究，相继产生了许多测量量表，其中NEP（New Environmental Paradigm）目前在中国的应用最为广泛。笔者曾应用2003年的中国综合调查数据（CGSS）就NEP量表对中国城镇居民的环境关心（environmental concern）做过详细的地区差异研究。研究结果显示，东部地区和西部地区整体环境关心水平要高于中部地区，西部地区也略高于中部地区；直辖市/省会城市的居民要比地级市、县城、集镇的居民具有更高的环境关心水平；环境关心在中国存在地区差异（张斐男，2010）。另外，社区及居住地类型对环境关心的影响很大，社区环境越优良，居民的环境关心水平越高（张斐男，2013）。环境关心的地区差异主要与各地区经济发展阶段以及后物质主义价值观的发展程度有关。

第二，价值供给存在群体间的差距。价值供给受到性别、年龄、收入等因素的影响，不同的群体其环境意识、环境知识等环境价值观存在差异。国外研究表明，在西方女性比男性更为关注环境问题（Zelezny，Chua & Aldrich，2000）。而在中国则存在相反的规律，即中国男性比女性更关注环境及相关问题。从社会化理论来看，社会化过程和社会结构中的位置对于性别的影响具有两面性，只有当某种社会机制能够克服对女性环境关心产生影响的社会化过程时，社会化和社会结构对女性环境关心影响的正向作用才能得以释放（洪大用、肖晨阳，2007）。另外，环境价值观还存在年龄差异，这种差异主要与不同年龄群体接受的环境知识教育有关（洪大用、肖晨阳，2012）。个人收入水平也与环境关心水平相关，收入越高其环境关心水平也越高，文化程度越高其环境关心水平越高，但与此同时，高收入却并没有带来较高的环境友好行为（洪大用、肖晨阳，2012）。就此来看，年轻人、社会精英阶层拥有最多的环境友好的价值供给，但他们却不一定能够形成较高水平的环境友好行为；从另外一个角度来看，即使这部分人群最有可能在生活中形成环境友好行为，培养绿色生活方式，那么这种绿色生活方式也会存在地区、性别、年龄、收入等方面的差异性，也就无法在全社会形成绿色生活方式，最终形成"绿与非绿"的新的二元分化。

第三，价值供给不能直接产生环境行为。价值供给虽然是环境友好社会、绿色生活方式的社会基础，但其本身并不能直接转化为高水平的环境友好行为，而要通过相应的社会结构因素和文化背景因素来实现。从内在因素来看，计划行为理论认为个体的行为是理性思考的结果，态度本身并不能影响行为。Kaiser 等人通过对瑞士居民的调查表明，环境行为意向决定着环境行为51%的方差变化（Kaiser & Gutscher，2003）。VBN（value-belief-norm）理论认为，个人规范只有被社会规范激活才能产生环境友好行为。Stern 在 VBN 理论的基础上，提出态度、个人能力、情景因素、习惯与惯例四类因素影响着环境行为（Stern，2000）。从外在因素来看，Brand 认为，"日常生活领域的环境友好行为与不同的情景有关，最为普遍的情景设定是社会结构和文化背景，这些因素通过对行动者的生活体验产生影响从而影响其行为"（Brand，1997）。因此，从内外因的角度看，环境意识、环境态度、环境关心等价值供给并不能直接产生有助于绿色生活方式实现的环境行为，因此，我们提出另一种设想——制度供给。

二 "制度供给"及其局限性

这里所探讨的制度是指约束人们行为的一系列规则（Schultz，1968：1113-1122）。制度供给即是制度的生产，是对制度需求的回应。制度可能是人们有意识地设计出来用以保证社会运行的正常秩序，也可能是在不断的社会运行中逐步演化形成的。这两种制度供给的主要区别在于，前者一般是正式制度；后者多为非正式制度。

在专权统治下，正式制度是精心设计而来，在民主法制下，正式制度是当事人讨价还价创立起来的。按照制度演化理论，风俗、习惯等约定俗成的非正式制度是一群人在长期互动过程中自发演变的产物，哈耶克等将其命名为自发社会秩序（Hayek，1949）。从社会运行的角度看，实际上非正式制度是在社会运行过程中，那些动态渐进的、相对稳定的社会进化策略。与正式制度相比，非正式制度的形成耗时更久，对公众的影响更深，同时，人们可以创造新的正式制度，却很难在短时间内创造非正式制度，因此，非正式制度的变革更慢。

与价值供给一样，制度供给也存在着明显的问题：

第一，制度供给的地区差距明显。一是最初的制度设计就是建立在地区差异基础之上的；二是经过若干年的发展和社会变迁，形成的非正式制度也存在显著差距。"从东部、中部、西部和东北地区全面建设小康社会的实现程度看（见表5-2），十年间中国四大区域全面建设小康社会的实现程度均有明显提升。2010年，东部地区全面建设小康社会的实现程度为88.0%，比2000年提高23.7个百分点；中部地区为77.7%，提高22.1个百分点；西部地区为71.4%，提高18.2个百分点；东北地区为82.3%，提高22.0个百分点。从十年来的年均增长速度来看，东部地区增幅最高，中部地区次之，西部地区最低。"

表5-2 2000—2010年中国四大区域全面建设小康社会实现程度

(单位:%)

	2000	2001	2002	2003	2004	2005	2006	2007	2008	2009	2010
东部地区	64.3	66.5	69.0	70.5	72.4	75.1	78.1	81.4	83.5	86.0	88.0
中部地区	55.6	57.9	58.8	60.3	62.1	64.1	67.0	70.6	72.7	75.6	77.7
西部地区	53.2	54.2	55.1	56.1	56.9	59.2	61.0	64.4	66.2	68.9	71.4
东北地区	60.3	62.0	63.9	66.0	67.6	69.2	72.2	74.9	77.5	80.5	82.3

数据来源：国家统计局：《中国全面建设小康社会进程统计监测报告（2011）》，http://www.stats.gov.cn/tjsj/tjgb/ndtjgb/，2015年10月10日。

第二，正式制度与非正式制度之间差距明显。制度供给应具有整体性，包括正式制度和非正式制度两个方面，仅引进西方的先进技术与市场经济制度，而没有培育与当代中国社会状况相适应的非正式制度（包括意识形态、主流价值观等），制度供给依然是失败的，难以适应经济与社会发展的节奏。尤其在我国这样一个传统文化习俗与现代社会文化相结合的社会之中，传统与现代的碰撞、先进制度与传统文化的结合点更是非正式制度必须要面对的问题。如何在扬弃的基础上找到传统与现代的结合点，更进一步将表层的意识形态转化为更深层次的社会意识、个体价值观，是探索非正式制度的关键，同时也是缩小正式制度与非正式制度之间差距的关键，更是使非正式制度更加适应正式制度，从而完成有效的制度供给的关键。

第三，社会变革的快速性与制度变迁的滞后性。制度变迁是指制度从创立、修正、执行、变更、结束等随着时间变化被不断改变的状态。其实质就是根据一定现有环境所进行的新的制度安排。中国改革开放以来，社会变迁节奏加快，经济发展速度过快，有大批的农民从农村流向城市,也有很多内陆人口流向沿海地区,他们促进了经济繁荣和社会进步,但同时也涌现出一些社会问题。比如,这部分人口,尤其是农民工群体在流入地的劳动权益和政治权利长期得不到保障,他们为城市建设贡献了巨大的力量,却很难分享到城市发展的果实。这些社会问题的一个重要原因,就是饱受诟病的城乡二元结构。1977年,国务院根据当时城市经济发展缓慢的情况,出台《关于处理户口迁移的规定》,控制农业人口向城市转移,甚至控制了小城市迁往大城市。[①] 在计划经济体制下确立的户籍制度延伸到了市场经济快速发展时代,20世纪80年代之后,14个沿海城市对外开放,享受经济特区政策优惠,工商业迅速发展,需要大量劳动力,由此在1987年爆发了第一次"民工潮",随后以农民的户籍身份进城务工的人口数量不断攀升,根据国家统计局发布的2015年国民经济和社会发展统计公报,全国农民工总量达到27747万人——近3亿人口,而第六次全国普查数据显示农村人口不过6.74亿,也就是说其中有近一半已经脱离了农村劳动成为城市务工者。这些进城务工的农民由于户籍制度直接影响其劳动保障、医疗保障以及政治参与等方方面面。正如有的学者所说,制度变迁的滞后性,一方面表现在配套制度的不足,更为重要的方面是核心制度的供给短缺,这一点对经济社会发展的影响更大(姚作为、王国庆,2005)。

三 价值供给与制度供给的结合

制度供给与价值供给的结合涉及整个社会结构的转变,为了便于论述,我们将其分为宏观、中观和微观三个层次。宏观层次是指体制层面与社会主流价值观,在这个层次我们要回答绿色生活方式应当由谁来主导的问题,是资本、政府还是公众?社会主流价值观对绿色生活方式有何影响?中观层次是指具体实施层面,包括经济手段、法律

[①] 公安部:《关于认真贯彻〈国务院批转"公安部关于处理户口迁移的规定"的通知〉的意见》(公发〔1977〕47号),1977年11月12日。

第五章 生活方式的理想类型

措施、政治导向、舆论导向等，总的来说，中观层次我们要回答具有环保取向的社会政策应当如何实施，主流价值观如何形成并如何转向。微观层面是指家庭层面，从社会个体的角度出发，家庭是最常见、最基本的生活场所，是生活方式形成的物质空间，在微观层面，我们要回答环境保护如何才能够在家庭生活中实现。

首先，绿色生活方式应当由谁引导？回答无外乎"社会三大部门"，一是国家或政府，我们可以称其为第一部门，也可称其为公共权力领域，属于政治领域；二是市场或盈利组织，也叫私人领域，可称其为第二部门，属于经济领域；三是社会组织，也叫公共领域，是前两者之外的"第三域"，称其为第三部门（郑杭生，2006）。这三个领域在社会运行中有着各自的存在价值和运行机制，三者缺一不可，不能相互代替。但我国三大部门都存在较为明显的缺陷：第一，政府越位、缺位、错位的情况时有发生；第二，资本的运行往往不仅限于经济领域，资本向政治领域和社会领域的渗入非常普遍，干扰了第一、第三部门的运作情况；第三，第三部门还未能有效地弥补政府和市场失灵的损失。因此，简单地看，任何一个部门都不能独立地解决环境问题，也不能完全引导绿色生活方式的建立。绿色生活方式需要制度层面的建构，也需要资本的引导，更需要在最贴近公众生活的、最为基础的层面做出有效的行动。换句话说，三大部门需要同时发力才能促使有利于环境保护的绿色生活方式的建立。

其次，三大部门在具有环保取向的行动中应当如何发挥作用呢？第一，政府通过制度设置引导绿色生活方式，首先可以从体制内出发，减少能源损耗、资源浪费。比如，备受批评的公车使用，南方网一则报道称全国公车高达400万辆，年消费4000亿元，与之相比，香港16.5万公务员仅有20余部高官专车，前行政长官曾荫权度假期间参加上海世博会"香港活动周"活动支出交通费，政府提供的统计表中注明："机票自理，行政长官赴美休假期间顺道出席活动。"之所以要从体制内开始制定具有环境友好倾向的制度、规范，不仅仅是要规范政府官员的生活方式和行为方式，还是因为只有自体制内开始，方能获得公信力，才能进一步在公众中继续推广。第二，资本是追逐利润的，市场不会自发地保护环境，因此可以通过制度引导资本的流动来建构绿色生活方式，比如对企业节能减排的激励性政策、对绿色环保产品的推广引导人们选择环保产品等。第三，培育社会组织、社区的发展，建立健全社会共同关注环境质量、关注绿色生活方式的制度。显然，任何与环保有关的社会政策，包括法律层面和经济层面的措施，都是由国家颁布实施的，政府对于环境问题的主导地位不能动摇，但在网络越来越发达的今天，微信、微博、QQ等社交媒体使得公众得到了关注环境问题的技术支持，大众传媒和网络媒体的兴盛也为环境问题赢得社会关注提供了渠道。公众与媒体对于建构环境问题的力量不容小觑。因此，建立全社会共同参与机制对于发现环境问题、建构绿色生活方式的氛围、引导绿色生活的潮流都有着至关重要的意义。

最后，如何在个人生活层面实现绿色生活方式？一方面，我们上面提到的价值供给等社会基础必不可少，因此要继续通过宣传、教育、参与等手段提高公众的环境意识；另一方面，以社区为基础，以社会组织为主要力量在基层建构绿色生活方式是一个切实可行的途径。事实上，与社会组织相比，发动社区力量参与环境治理具有天然的优势。一方面，社区成员生活在同一个环境之中，能够自动形成利益共同体，来治理污染、抵制污染，因此，社区环境治理具有最强的凝聚力；另一方面，社区作为生活的主要发生场所，能够最近距离、最快速度地发现、治理污染。首要任务是培育社区和社会组织的力量，将部分环境监管权力逐渐让渡给社区，探索政府部门与社区环境管理的对接形式。更具体地说，社区环境治理可以从居民垃圾分类处理等基础性工作开始，上海、杭州等地已经有了类似的尝试，由社区工作人员、社会工作者以及志愿者组成工作组，进入居民家中，通过讲解、劝说、教授垃圾分类知识、提供分类工具等方式督促居民进行垃圾分类。在部分工作能力、管理水平较高的社区进行试点，反复论证社区环境治理能力；培养专职社会工作者，参与、组织社区内部环境治理工作，通过社区与社会组织的双向联合，促进社区与社会组织在社区内部实现环境治理的无缝对接。

第三节 价值供给与制度供给在生活方式中的体现

如果以对生活方式的影响力为基准进行排序，那么由弱到强的排序应为：生活理念、社会理解、社会定义、生活习惯。

生活理念：生活理念是一种价值观，一种主流价值观，一种被社会大多数所认可的价值观，一种并非来自个体自我选择的价值观。与之相关的名词，诸如环保、时尚、奢华、精致等。在生活理念这个层次，个体在生活方式的选择上首先是理性的。这是因为在某个文化共同体内，个体成员为了寻求社会认同，必须遵循整个群体所共同认可的价值观，比如要遵守法律、要尊重习俗等，对于一些基本价值观的遵循是个体主动选择、理性选择的结果。其次，客观来讲，个体成员的价值认同具有趋同性，即使出现特殊个体的背离，也不影响主流价值观对全体成员的影响。最后，生活理念是一种最为宏观的价值观，生活理念不是落在细节之处的价值选择，它不涉及个体生活细微之处的选择，它是一个文化共同体全体成员间互通的、公认的价值准则，比如"要和平不要战争"。综合来看，这个影响着大多数人，并且不为特殊个体所改变、文化共同体内的成员为了维持个体身份、寻求群体认同所理性选择的价值观即生活理念。

社会理解：社会理解具有客观性，其客观性表现在三个方面。第一，社会理解的客观性首先是一种自在的客观性，但社会理解的客观性并不等同于自然科学中的自在的客观性，因为社会理解涉及主体参与，这直接影响着被理解和解释的社会客体或者说社会事实，因而，人们无法在社会理解中完全彻底地区分开被主体影响了的社会事实和社会事实的本来面目；第二，社会理解的客观性是一种主体间性，社会理解不能脱离主体的历史存在条件，不能脱离主体之间的交往、沟通和一定程度的共识或假设；个体的主观因素对社会的理解和解释对社会理解的客观性的确具有很大影响，这种影响又是通过一定的社会评价和认同机制来完成的，比如媒体的报道、权威的认证等，这表明，社会理解虽然受到个体主观因素的影响，但整体上，社会理解还是会超越个体主观随意性的层面，而成为拥有文化共同体的群体的理解和解释；第三，社会理解的客观性说到底是一种自为的客观性，即结合人的社会实践活动，在一定历史条件下的、对社会事实的理解与阐释。这种客观性或许才是社会理解的本质属性，它既不能抛开社会事实以及个体的社会实践，也不能抛开主体间的交往和沟通（郑文先，2001：16 - 19）。

社会定义：社会定义就是一个社会的主流文化对社会事务的内涵做出的基本判断，是一种价值判断，是在社会的基本信念的基础上形成的价值判断。它与生活理念的区别在于，生活理念是由外而内的价值观，而社会定义是由内而外的价值判断。这里的"由内"是指那些对社会事实做出判断的主体，这些主体的主要特征就是其权威性，可以是法律、法规、国家文件等。社会理解与社会定义的区别在于，前者是一种解读，与价值有关，与判断无关；后者则真正做出了判断，告诉公众孰对孰错，孰是孰非，应该如何，必须如何。

生活习惯：一方面，生活习惯来源于社会化过程，通过一系列的，包括家庭氛围、社会教育、职业塑造等方式，社会个体会在不断的社会化过程中形成一定的习惯，作为生活习惯对个体的日常生活产生直接影响；另一方面，生活习惯又与个体的行为选择相关，由于社会阶层、收入水平、受教育程度等差异，个体的行为选择千差万别，富豪如巴菲特，也可能主动选择便宜车位，穿平价的衣衫，也有的富豪爱好奢华，这些不同的个人选择并不能完全用社会阶层或是收入差异的理论来解释，它只是个体的主观选择，而影响这些选择的无外乎社会化的过程和与个体选择相关的因素，诸如成长经历等，但简单地说，形成一定的生活习惯必然要有社会化和个体选择这样主客观两方面的因素。

如果一种行为仅仅发生一次、两次，或是偶尔发生，一种价值观仅仅在一定的场域下对个体产生作用，那么这种行为、价值观并没有成为社会结构的一部分，不能内化为个体的心智结构，也就是说它未能成为个体的生活习惯，那么它就不能成为生活方式的一部分。因为，如果只是在特殊情况下，会这么想、这么做，那么这种行为或是价值观并就没有成为一种习以为常的模式化的产物，它就不是生活方式的一部分。

如果一种行为经常发生，比如，把垃圾扔进垃圾桶，不管在何种特殊情境下——在马路上、公交车站、商场等公共空间，还是在家里、办公室等私人空间，个体总是能把垃圾扔进垃圾桶，但是除此之外，与扔垃圾相关的其他行为——进行垃圾分类、减少垃圾产生、选择包装少的产品等——个体却没能展开，也就是某项行为虽然一直发生，却没有系统化，那么也不能形成一种生活习惯，进而不能成为一种生活方式。一句话，生活方式应当是生活习惯的系统化的产物——是习惯且是系统化的习惯。

生活习惯与生活理念的区别在于，生活理念是一种外部给予个体的，甚至可能是强加给个体的价值层面的信仰，要求个体相信或做到，它不是个体的自主选择，不是个体的行为。而生活习惯则穿插进了个体的自我选择过程，个体可以接受某种行为或理念，也可以选择另外一种行为或理念。个体可以选择简朴的生活方式，也可以选择浪费的生活方式，不管主流价值观或是社会价值观强加给个体的是"应该简朴"还是"应该消费"或是其他，个体可以做出自我选择；更进一步的，个体可以根据个体选择的这种理念做出具体的行为。个体可以选择步行，也可以坐公交，即使开车，也会选择小排量的车，等等，因为个体选择了环保的价值理念，所以更进一步地，在这种理念的指引下，做出环保行为，并且让这些行为成为习以为常、不自觉的生活习惯。

对资源环境的保护作为一种生活理念应当为大多数个体所认识和认同，然后个体根据各自的社会实践对环境保护这个理念做出不同的解释，在一些人看来，环境保护是政府做的事，与己无关，在另一些人看来，环境保护是每个人的责任，人人都应当参与到环保事业中。在此，我们就需要权威的社会定义，比如立法，通过权威的社会定义，使公众认识到环境保护必须是集体的行为，在这个条件下，或许还要经历理念—理解—定义的过程，比如如果环保是集体行为，那么个体可以做什么呢？怎么做是正确有效的？也有可能通过更为系统的社会定义，比如通过法律法规告诉公众，在生活细节上个体应当怎么样参与环保，怎么做出有效的环境行为等。最终这些行为随着不断的实践和时间的推移成为生活习惯，这时候，环境行为就成了生活方式的一部分，也就最终实现了绿色生活方式。这个机制如图5-2所示：

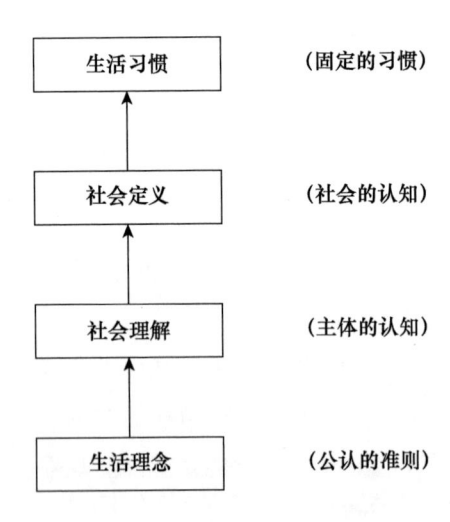

生活习惯　　（固定的习惯）

↑

社会定义　　（社会的认知）

↑

社会理解　　（主体的认知）

↑

生活理念　　（公认的准则）

图5-2　绿色生活方式的形成机制

第四节 小结

社会结构的变革无疑是形成绿色生活方式的关键，但我们并不能因为基本的转变难以快速完成而放弃对绿色生活方式的追求，更不能因此而怀疑这种健康的、先进的生活方式能否实现。一小部分精英分子的努力、环保组织的贡献都是必要的，但却不能成为绿色生活方式形成的主导力量，绿色生活方式应当由价值供给引导、制度供给做保证，由社区和社会组织根植于公众家庭生活和社会生活之中，最终实现绿色生活方式。制度层面的设计和社区基层的执行，环保价值观的提升和社会结构转型，都是实现绿色生活方式必不可少的因素。由上而下和由下而上同时进行，由内而外和由外而内共同作用，绿色生活方式才有可能实现。

第六章 绿色生活方式的构建

第一节 研究结论

整体而言，目前中国城乡居民的环境关心、环境知识和环境行为的水平都有不同程度的提高，但主要集中在环境关心维度上，也就是说，中国当代居民对于环境衰退和环境污染问题的关注程度在过去近十年时间里显著提升了，环境抗争事件时有发生，公众对于生存环境的质量要求越来越高；居民的环境知识水平也在逐渐提高，十年前我们还不知道何为 PM10 和 PM2.5，还不了解雾霾对身体有什么危害，现在我们在外出前已经习惯查看空气指数来决定是否进行户外活动，如何做好防护；环境行为的水平也有了一定的提升，从关于环境行为的附表 5 和附表 6 中，我们可以看到在垃圾分类这一选项上，还是有比较大的改变的，居民"从不"进行垃圾分类的比例大幅度降低，"经常""有时"进行垃圾分类回收的比例增加，这就是一个很大的进步，诸如此类的环境行为在我们日常生活中也有所体验。居民的环境关心、环境知识和环境行为在消费、休闲、社会交往和价值观等生活的不同方面产生影响，就形成了绿色生活方式萌芽。绿色生活方式通过生活方式的逐步变革，不断在消费、休闲、社会交往、价值观等生活中的各个方面做出改变，进而促进生活方式向环境友好型社会转变，实现环境与人类社会的和谐发展。综合本书第三、四、五章，有

第六章 绿色生活方式的构建

以下一些基本结论。

第一，现代化的生活方式并不必然导致环境问题。在第三章我们分析了中国当代公众的生活方式变迁，主要包括三个方面：从农业社会到工业社会的结构转型，从计划经济到市场经济的体制转轨，从同质单一性到异质多样性的价值取向。从众多数据和文献资料来看，工业技术的发展、城市化生活、区域分化以及城乡分化、市场经济、单位制和价值观念的变化都对生活方式产生了很大的影响，与传统社会相比，现代社会的生活方式确实消耗了更多的资源、能源，产生了更多的环境问题。但我们通过正反两方面的分析发现，现代生活方式既有与环境友好行为相悖离的一面，比如消费主义，同时现代生活方式也有与环境友好行为相呼应的一面，比如后物质主义价值观。因此，通过对传统到现代的生活方式变迁的分析，我们发现现代生活方式并不必然与环境问题相联系，现代生活方式中也存在一些要素是解决环境问题、促进环境友好行为的必要准备。因此，发掘现代生活方式中这些潜在的环境友好要素将有利于环境行为的提升。

第二，中国当代居民的环境关心、环境知识和具体的环境行为整体水平有所提升，但与绿色生活方式之间还存在显著的差距。令人欣慰的是，从历次环境意识的问卷调查数据中，我们能够看到中国当代居民对于环境衰退的关注程度一直在上升，1995年的全民环境意识调查数据表明，有23.6%的被访者甚至连环境保护的概念都"不知道"，16.5%的被访者认为自己的环保知识"非常少"，66.9%的被访者认为自己的环保知识"较少"，认为自己环保知识"较多"或"很多"的被访者只占16.1%和0.5%，比例相当低。但2010年中国综合社会调查的数据表明，65.7%的受访者表示对环境问题"非常关心"和"比较关心"，70%的受访者已经意识到中国的环境问题"非常严重"和"比较严重"（洪大用，2014）。可见，当代居民的环境关心、环境知识都是稳步增长的，这与本书的结论是一致的。本书通过进一步分析，发现环境关心、环境知识、环境行为水平在某些维度上存在差异。首先,环境关心的差异主要体现在城乡和地区维度,城市居民的环境关心水平要高于农村居民,东北地区的环境关心水平最低,次之是西部地区和中部地区,环境关心水平最高的是东北地区。其次,环境知识的差异在城乡、地区、性别和年龄维度都有所体现,男性较之女性有更高的环境知识水平,城市居民较之农村居民有更高的环境知识水平,尤其值得注意的是,年轻人比年纪更长的人环境知识水平高,这可能与我国环境保护进程和环境教育工作的开展息息相关,青少年正处在价值观形成阶段,对其开展环境教育,普及环境知识和环境宣传对未来环境治理的顺利开展至关重要。最后,环境行为只在城乡、地区间存在差异,性别、年龄、婚姻状况的差异都不再显著。城市居民较农村居民更乐于实施环境行为,东部地区依然比中西部和东北地区居民更能够实施环境行为。综合来看,环境关心、环境知识、环境行为都在城乡和地区维度产生了差异,可见,经济社会发展的不均衡对环境治理的社会基础还是有直接影响的,在环境治理中可能会表现为突出的环境公平问题。正如洪大用等所指出的那样,"正视并妥善处理好环境公平问题,将会增加绿色社会建设的内生动力;而忽视和处理不好这个问题,将会损害绿色共识并加大绿色社会建设的内在阻力"(洪大用、范叶超等,2020)。

第三,社会结构性因素对绿色生活方式的影响要强于价值观念因素的影响力。后物质主义价值观等一系列价值观因素对绿色生活方式的影响是微弱的,尤其是在引入社会结构性因素之后。可见,价值观虽然在引导绿色生活方式过程中有积极的作用,但其需要一定的社会结构因素作为载体才能发挥作用。模型中所体现出的一个重要影响因素是对于媒体的使用,新媒体的使用有助于建构绿色生活方式。新媒体之所以称为"新",与其更快、更便捷的传播速度有关。传统媒体是建立在传统的传播技术之上的,除了传播速度不如新媒体快,还有着缺乏互动性的问题,也就是说,传统媒体只是对公众传播新闻,却无法把公众带入新闻之中——公众的评论和应对在传统媒体中是展示

第六章 绿色生活方式的构建 ◆◇◆

不出来的。而新媒体恰恰能够把以往传统媒体对新闻事件的控制权让渡一部分给公众，这种"控制感"是人类的本能需求，这也就不难理解为什么公众对于微博、微信等社交媒体有那么强的依赖度，而对传统媒体则日渐疏远。看书、看报，甚至看电视节目这类行为，在年轻群体中已经渐行渐远了，因此，传统媒体对公众的影响力也就越来越小。而新媒体由于其快速便捷的传播方式，以及传统媒体所无法比拟的互动性，对公众的影响则越来越大。

第四，通过理想类型这一概念工具，本书将生活方式划分为田园生活、竞生生活、物欲生活和绿色生活。从传统到现代思潮这一横轴与环境行为高与低的程度纵轴相交，我们可以获得一个关于是否具有环保倾向的生活方式的图景。田园生活的主要特点是其环境行为是自在的而非自为的，也就是说田园生活方式下较高的环境行为并非来自于个体的环境意识，或者它的高环境行为不是主动的环境保护行为，而是在这样一种生活方式下的行为，其大部分就天然地与环境和谐共生。竞生生活的主要特点可以概括为竞争、掠夺、侵略、征服，其竞争、掠夺、侵略和征服的对象不仅是不同的群体，更是自然环境和资源，这类生活方式下的环境行为是比较低的，竞生生活下人类与环境是相抗衡的。物欲生活与"物欲主义""物欲时代"等词汇相联系，与大量生产、大量消费相适应的生活方式即物欲生活，不断地制造和满足物质欲望，不断地提高生活的整洁舒适度、不断地追求更新潮更时尚的商品是物欲生活的主要特征。绿色生活方式是现代化的产物，是在现代化过程中演变而来的一种生活方式，它继承了现代生活方式中一些有利于环境友好行为的因素，同时遗弃了一些现代生活中不利于环境友好行为的因素。绿色生活方式最典型的特征是其具有较高水平的环境素养，无论是环境关心、环境知识的积累还是环境行为的实施，并且这些环境行为是自为的而非自在的，这是与第一种田园生活最大的不同。人们出于对环境保护的考虑而主动实施的行为，包括设立环境政策、法律法规以及生活中的一些基本行为。绿色生活并非反对传统，也不是完全地接受现代化，它与传统的生活并非绝对对立，而是在传统的基础上形成的，它的现代性并不仅仅体现在对科学技术、现代管理的认同，而是对现代社会、现代生活的完善。

第五，绿色生活方式的形塑机制包括"价值供给"和"制度供给"两个方面。绿色生活方式实现说到底是建立一种与经济、社会、政治、文化相适应的、具有现代性的生活方式，从客观来讲，需要建立相应的制度保障，我们称其为制度供给；从主观来讲，绿色生活方式注重人的全面发展、人的素质的提高，需要价值观的重构，我们称其为价值供给。无论价值供给还是制度供给都存在天然的缺陷，价值供给存在地区和群体间的差距，并且不能直接转化为环境友好行为，制度供给同样存在地区间的差距，正式与非正式制度的差距以及社会变革的快速性与制度变迁的滞后性的问题。因此，结合价值供给与制度供给，解决政府部门、社会组织和公民个人三个层面的问题，才有可能逐步实现绿色生活方式，从而继续促进公众环境友好行为的提升。在生活方式层面，价值供给和制度供给可以更具体化为四个方面，如果以对生活方式的影响力为基准进行排序，那么由弱到强的排序应为：生活理念、社会理解、社会定义、生活习惯。生活理念是一种价值观，一种主流价值观，一种被社会大多数所认可的价值观，一种并非来自个体自我选择的价值观，个体对于生活理念的选择是理性的。社会理解具有自在的、自为的客观性和主体间性，是进行权威的社会定义的基础。社会定义是在社会的基本信念的基础上形成的价值判断，是一个社会的主流文化对社会事实及其内涵和意义做出的基本价值判断。生活习惯则使某种生活方式的模式化和再生产。通过这四个概念，绿色生活方式的形成过程如下：首先环境保护作为一种生活理念被大多数个体所认识并认同，然后个体根据各自的社会实践对这个理念做出不同的理解，这些理解甚至在有些时候是完全相悖的，这时候我们就需要权威的社会定义，比如通过立法来确定哪些行为是合法的环境行为，哪些不是，最后通过不断地、反复地的实践使这些行为成为一种生活习惯而固定下来，由此逐渐形塑了绿色生活方式。

第二节　关于建构绿色生活方式的对策建议

一　从制度供给的角度，多层次培育绿色生活习惯

正如前文所论述，生活习惯的养成有赖于社会化过程和主观的行为选择，而一旦形成某种生活习惯，就会产生一种惯性，具有绿色环保倾向的生活习惯产生持续的影响力，推动生活中的行为方式向绿色环保的方向发展。生活中，我们常常有这样的发现，在高收入、高社会地位的群体里，也有一部分倡导低碳环保生活的人：巴菲特停车总是喜欢选择更便宜的车位，全球最年轻的富豪扎克伯格却开了一台低排量不起眼的通用汽车。这些行为看似与他们的经济收入、社会地位相差很大，单纯从社会阶层的角度不能解释其选择的生活方式。在很大程度上，这些行为只是他们业已形成和认可的生活习惯。

首先，在消费领域通过减物质化倡导绿色消费。所谓减物质化，是指在生产、流动、消费和最终处理的每个环节中，使能量和物质减小到最低限度。减物质化不仅包括减少物质使用的内涵，它还有提高使用效率的内涵，也就是把每一个物品的作用发挥到极致。这样，对于不可再生资源实现了变相的减速使用，对于可再生资源实现了可持续利用，这就是减物质化的核心内容。在笔者看来，减物质化可以成为一种具有可行性的解决方案，但不是发展的最终目标。以能源消费为例，有研究表明，某种能源的利用效率的提高，可能会鼓励居民增加这种能源的使用量，从而从另一方面导致能耗的上升，能耗上升的幅度甚至会大于能源效率提高带来的节约量，这就是所谓的能源"反弹效应"（Ukerc，2007）。也就是说能源效率的提升与能源消耗水平

的提升同时发生（Herring，1999）。因此，改变能源结构抑或提高能源利用率并不能从根本上完全控制能源消耗或能源浪费。对此有学者提出，改变消费方式比改变能源消费方式对资源的可持续发展影响更为显著（Gidens，1972）。某种生活习惯一旦形成就会持续较长的时间，由于生活习惯的原因，中国居民的烹饪、取暖、家电使用等习惯具有较大的惯性，因此对能源的需求也具有同等的惯性。另外，非习惯性能耗也会随着现代化和城市化进程的深入而提高，比如由于经济发展所带来的新的能耗需求，农村居民在向城市居民转化的过程中，学习城市生活方式形成的能源使用习惯，等等。这些非习惯性的能耗增长更加要求我们要尽快改变居民的生活习惯，通过制度供给与价值供给的手段，如制定消费政策鼓励购买绿色环保产品、将节约行为作为积极健康的价值理念对公众进行引导等，培育环保的生活习惯，促进资源节约型社会和环境友好型社会建设。

其次，在社会交往尤其是交通领域，通过人工智能的发展，倡导绿色出行。人类出行的改变已经发生了数次变革，人们的活动半径不断变大，除了在出行速度上越来越快，在降低能耗、提高效率上也出现了更多的创新。未来的出行方式既要强调降低出行这一行为对资源环境的负面影响，又要有益于身心健康、提高效率。比如，在共享理念的影响下，出现了共享单车、拼车服务等新兴事物。在人工智能等先进技术的引领下，未来的交通系统必然向智能化不断迈进。但绿色出行并不只依赖于技术的支持，还要有相应的制度系统的支持。许多国外的经验是值得我们借鉴的，巴西库里蒂巴市的整合公共交通系统，通过整合公共交通网络中的所有交通工具和线路，以及每种特定的交通方式和服务中各种设施和运营要素，明显提高交通的运营效率，缩短乘客出行时间，提升乘客满意度，减少了私家车使用和碳排放；伦敦的共享单车系统，为了防止共享单车堆在路边，伦敦大学学院时空实验室和伦敦交通局以及自行车数据搜集平台 STRAVA 合作，尝试用算法来评估不同区域共享单车的数量和运营情况，以此判断如何调整不同区域的车辆；2017年伦敦市还通过了《2017年交通战略草案》，考虑对私人汽车出行实施收费，提出健康街道的概念，健康街道的十大指标包括：清洁的空气、欢迎步行、便于穿越、设有庇荫地和庇护所、设有驻足休息的空间、噪音低、可以步行或骑自行车、有风景、让人们感到放松（生态环境部宣传教育中心，2020）。全球的交通问题大相径庭，而这些国外的先进措施和理念可以为我国城市的可持续发展提供借鉴。

复次，通过打造绿色社区，引导居民构建绿色生活方式。社区是人们的生活空间，与个体的日常生活联系最为紧密。社区可以搭建自我教育和自我管理体系平台，引导居民践行绿色生活。绿色社区在国内外都已经出现了一些实践，英国西南萨顿镇的贝丁顿零碳社区于2002年完工，社区通过建筑的巧妙设计，成为世界上第一个零二氧化碳排放社区；深圳光明新区绿色保障性住房是深圳市绿色节能建筑和住宅产业化示范小区，小区建筑采用节能措施，利用建筑空间和构件来降低运行能耗，通过优化建筑布局、朝向以及小尺度的院落、天井与日照、自然通风形成最有效的对应方式，利用屋顶绿化和墙体提高室内温度稳定性，从而降低对能耗的依赖；青岛市流亭街道通过加大环保设施建设、营造社区环保氛围、丰富绿色文化生活实现共建共享共管的绿色社区建设；还有上海市进行的垃圾分类试点，也离不开社区层面的具体操作，可见，技术层面的创新是实现绿色社区的基础，但除此之外，适当的绿色社区治理方式，人们的绿色生活方式都需要与绿色建筑相得益彰，才能取得良好的效果。

农村地区的生活方式也需要逐步地变革。以2018—2020年农村地区三年人居环境改造为例，"厕所革命"是农村人居环境改造的重要一环。从国家和政府的角度来看，"厕所革命"一方面是对新时代人民日益增长的美好生活需要的一个回应；另一方面也是多年来城市化进程、现代化文明发展的必然结果，因此从国家和政府的层面，农村地区推进"厕所革命"对公众和社会发展有益的。从技术专家的角度来看，人畜粪便处理不当容易污染土地、水源，不仅仅对农村居民的身体健康造成危害，也可能危及附近城市居民，所以对城市居民来说推行"厕所革命"也是有利的。笔者在东北地区的调研中了解到：第一，是否修建室内厕所是村民自愿的，基本程序是村民报名，由县里根据本年度的名额和村民住宅情况予以核查，名额充裕，情况允许都可以修建；第二，在资金方面，有的县经济条件允许全部由县和省级专项资金出资，有的县由村民出一部分资金，一般不超过1000元，并没有对村民收入造成任何负担。但即便在这种情况下，大部分村民仍然未选择修建室内厕所，真正安装并坚持使用室内厕所的居民少之又少，因为从乡村居民的角度来看，对"厕所革命"的认识和态度要复杂得多，乡村居民基于地方性知识，对"厕所革命"有着不同于地方政府和技术专家的解读。笔者在调研中了解到，除了技术水平还不够成熟，可能会造成不确定的后续费用，以及农村"老龄化""空心化"影响外，农村居民的居住空间与生活习惯也是一个重要原因。农村地区没有地下排水管道，修建室内厕所需要在宅基地下挖一个5—10平方米的坑放置储存罐，大部分村民有在自家院子种植蔬菜的习惯，不愿意太多空间被占用；同时，东北地区农村由于取暖需要，炉灶处于整个房屋的核心位置，炉灶在做饭的同时可以烧炕取暖，所以炉灶所在的厨房是进门后第一个空间，然后是左右各一个卧室，新式住宅中考虑到室内厕所的需要，会单独开辟一个"后屋"，与厨房相分离，但在老式住宅中，只有厨房和卧室两个空间，所以安装室内厕所多半要考虑厨房的位置，这就和居民的生活习惯相抵触。正如有的村民所说："一边是饭锅，另一边就是厕所，这也不'卫生'呀。"可见，生活习惯、居住空间等都是制约绿色生活方式形成的重要因素，生活方式的转型不能只停留在技术创新和制度创新层面，日常生活因素也需要被考量。

二　从价值供给的角度，合理利用新媒体平台，构建绿色环保氛围

首先，合理利用新媒体引导环境议题的多元话语实践，营造环境

第六章 绿色生活方式的构建 ◆◇◆

保护的社会氛围。如前文所述，新媒体平台在传播绿色环保信息方面具有传统媒体不可比拟的优势。除了传播速度优于传统媒体，其最大的优点是为公众参与提供了可能和平台。环境议题通过在媒体上的不断出现而获得合法性，促使政府、公众共同关注环境议题，从而推进其走向政策议程。同时，新媒体的互动性有利于环境议题传播主体从单一主导走向多元话语实践，为环保社会组织、环保人士、弱势群体维护自身环境权益，有利于达到提高环境议题知晓度、引导社会舆论走向等目的（钟兴菊、罗世兴，2021）。因此，从价值供给的角度，要合理利用新媒体平台，使更多的公众可以参与到环保实践中，构建绿色环保的社会氛围。

复次，利用网络平台实现资源能源减量化和可持续化。网络社会人们的生活方式发生了翻天覆地的改变，现在，越来越多的公众使用互联网交易平台，如"咸鱼""转转""拍拍二手""孔夫子旧书网""校园二手街""瓜子二手车""爱回收网"等回收闲置物品平台，为消费者充分利用旧物、减少资源浪费提供了便利。这些网络平台不仅实现了对物质循环的改变，也从客观上营造起一种"废物利用""资源共享"的可持续发展的社会氛围。我们还需要逐步建立与之相适应的生活习惯，值得一提的是，社会上已经出现了很多有趣的现象，比如风靡一时的"断舍离"，让越来越多的人体验到物质减量的好处和乐趣；又如新兴职业——整理收纳师，他们不同于普通的家政人员，他们能够帮助客户对物品做出取舍，不仅能够为客户打造高品质的生活环境，还以物品为媒介，播撒人、物、环境关系平衡的可持续发展的价值理念，[1] 这些都为绿色生活方式建构提供了不可获取的社会氛围。

再次，提倡发展型的文化消费，从客观上与物质消费主义相抗衡，营造绿色生活氛围，促进绿色生活方式的建构。"消费是窥视社

---

[1] 洁妈：《收纳师到底是种什么职业？》，https://zhuanlan.zhihu.com/p/52365665，2018年12月14日。

会结构和文化运行的一个重要窗口。"（王宁，2009：481）在消费活动中，人类在维持最基本的生存需要之后，还会主动地追求文化层面、娱乐层面的需求，比如看电影、听音乐会、看画展、打电动游戏、旅行等。从消费社会学的视角来看，正是这些消费活动中的休闲消费，使得消费更加凸显出其文化内涵和文化意义。在集体无意识的当代社会，休闲、艺术、文化和审美之间原有的樊篱被打破，艺术不仅仅局限在某一特定的群体，各种文化之间的交流越加频繁，不同审美情趣碰撞在一起愈加多样化，不同社会阶层的参与者交流更加频繁。休闲行为本身以及其背后所形成的审美文化构成了日常生活世界不可或缺的一部分，成了人们非常重要的生活方式的内容之一，因此，它必然负载着一定的社会价值，并且在某种程度上成为一种社会凝聚力。比如最为普遍的电影，看电影是人们最为普遍的休闲方式之一，有的人选择到影院观看，有的人在电脑上在线或者下载观看，还有的购买光碟，这种门槛最低的休闲方式既是人们日常生活的一部分，同时也是一种艺术表现形式，它既可以是高雅脱俗的，又可以是接地气的，既可以阳春白雪，又可以下里巴人。人们在看电影这一休闲活动的过程中，不仅通过买票、买光碟、交网费等形式完成了一次实践活动，同时也通过影片重塑着个体的审美情趣，在这个重塑的过程中，影片所传递的文化认同就成为一种社会凝聚力。这种社会凝聚力本身对于绿色生活方式的构建就能够起到促进作用。从另一个角度看，那些提高自身修养、提高文化素质的文化消费，还能提高个体自身的素质，从而加速人的现代化的实现，这也是绿色生活方式建构的一个重要组成部分。

第三节 绿色发展与绿色生活方式

一 绿色发展需要与之匹配的绿色生活方式

在党的十八大报告中，首次提出绿色发展理念，"坚持节约资源

第六章　绿色生活方式的构建

和保护环境的基本国策,坚持节约优先、保护优先、自然恢复为主的方针,着力推进绿色发展、循环发展、低碳发展,形成节约资源和保护环境的空间格局、产业结构、生产方式、生活方式,从源头上扭转生态环境恶化趋势,为人民创造良好生产生活环境,为全球生态安全做出贡献"。党的十八大报告强调"五位一体"的总体布局,并将生态文明建设摆在了战略性位置。党的十九大报告中更是四次提及"绿色发展",强调中国要全面推动经济、政治、文化、社会等多方面的可持续发展,绿色发展理念转变了传统的发展模式,为人类的可持续发展创造了良好的环境。中国总结发展经验、摒弃落后思想,提出了绿色发展,其根本目的是改善人民群众的生活环境,有效提高人民生活的质量,提高生活幸福指数。绿色发展理念不仅是对现有的环境问题的回应,也是对美好生活的追求。

从中国发展进程来看,绿色发展关乎可持续发展全局,关乎国家未来经济社会走向。绿色发展主张将生态环境保护纳入社会经济生活的各个层面,绿色发展本身既是发展理念又是发展途径,通过推动绿色发展方式和生活方式的改革,为生态环境保护提供全方位支持,因此,践行绿色发展观关乎国内外可持续发展全局。

从国际视野来看,联合国环境规划署最早启动了"全球绿色新政"和"绿色经济计划",其目标是依靠各国政府的力量来应对环境危机,先后颁布了一系列研究报告,如《全球绿色新政政策简报》中,针对金融危机、气候变化和食品危机,提出通过国际国内双向财政刺激方案和治理政策来消除风险;在《迈向绿色经济》中提出绿色经济是绿色新政的核心环节,并将绿色经济定义为提高人类福祉和社会公平同时降低环境风险、降低生态稀缺性的经济;《我们憧憬的未来》强调各国根据不同的历史背景和发展阶段实施绿色经济政策。可见,从国际层面看,"绿色发展"是一种积极、主动、进取的发展方式,同时也体现出尊重自然、顺应保护自然、实现社会公平正义的主流国际话语(潘家华等,2019)。

◆◇◆ 中国当代居民绿色生活方式的构建

因此,在国际绿色浪潮的影响下,结合国内经济发展阶段特征,以习近平同志为核心的党中央不断继承和发扬中国共产党绿色发展的理念,创新性地提出了"绿水青山就是金山银山"的指导思想,将环境问题放在突出位置,杜绝一切以牺牲环境为代价发展经济的行为,推动绿色生产生活方式的常态化。就此,习近平总书记指出,"生态环境问题归根结底是发展方式和生活方式问题,要从根本上解决生态环境问题,必须贯彻创新、协调、绿色、开放、共享的发展理念,加快形成节约资源和保护环境的空间格局、产业结构、生产方式、生活方式,把经济活动、人的行为限制在自然资源和生态环境能够承受的限度内,给自然生态留下休养生息的时间和空间"①。

习近平总书记多次谈到绿色发展与绿色生活方式建设。"中国的绿色机遇在扩大。我们要走绿色发展道路,让资源节约、环境友好成为主流的生产生活方式。"② 关于绿色生活方式,习近平总书记进一步指出,"绿色生活方式涉及老百姓的衣食住行。要倡导简约适度、绿色低碳的生活方式,反对奢侈浪费和不合理消费。广泛开展节约型机关、绿色家庭、绿色学校、绿色社区创建活动,推广绿色出行,通过生活方式绿色革命,倒逼生产方式绿色转型"③。

事实证明,绿色生活方式不能够自发地从现有生活方式内部产生,需要外部环境的影响和价值引导。培育绿色生活方式,要培养居民的环保消费观念和资源循环利用观念,实现绿色消费;加快能源技术创新,开发绿色能源;优先发展公共交通、推广新能源交通工具,推进交通运输低碳发展;利用绿色建材提高建筑节能标准,打造绿色建筑。在治理污染,修复生态中营造良好的人居环境。

---

① 习近平:《推动我国生态文明建设迈上新台阶》,《求是》2019 年第 3 期。
② 习近平:《在同出席博鳌亚洲论坛年会的中外企业家代表座谈时的讲话》,《人民日报》2015 年 3 月 30 日。
③ 习近平:《在同出席博鳌亚洲论坛年会的中外企业家代表座谈时的讲话》,《人民日报》2015 年 3 月 30 日。

第六章 绿色生活方式的构建 ◆◇◆

树立绿色文化价值观念，在全社会倡导勤俭节约、爱护环境的绿色文化价值观，逐步将期纳入社会主义核心价值观范畴，形成崇尚生态文明的社会新风尚，从而使"人与自然和谐共生"的观念成为规范人们行为的价值标准，在生产、流通、仓储、消费各环节落实全面节约。

如果说绿色发展是未来中国经济社会发展的战略部署，那么绿色生活方式则是广大居民参与绿色发展、践行绿色发展的主要途径。2021年3月国务院印发了《关于加快建立健全绿色低碳循环发展经济体系的指导意见》，为我国绿色发展设计了"总蓝图"，为建立健全绿色低碳循环发展经济体系，提出建立生产体系、流通体系、消费体系、基础设施绿色升级、绿色技术创新体系、法律法规政策体系，前三大体系涵盖了生产、流通、消费三个社会再生产的关键环节，后三大体系构筑了基础设施、技术创新、法律制度三项关键支撑。其中既包含生产领域又包含生活领域，绿色发展已经是一个系统性的发展战略，需要贯彻到经济、政治、社会、文化等多个方面，绿色发展需要与之相匹配的生活方式。

二 碳中和与绿色生活方式

2021年"两会"上，"碳达峰"和"碳中和"引起了热烈讨论，被首次写进政府工作报告中。2021年4月，习近平总书记在主持中共中央政治局就新形势下加强我国生态文明建设进行第二十九次集体学习时指出，我国建设社会主义现代化具有许多重要特征，其中之一就是我国现代化是人与自然和谐共生的现代化，注重同步推进物质文明建设和生态文明建设。习近平总书记强调，"实现碳达峰、碳中和是我国向世界作出的庄严承诺，也是一场广泛而深刻的经济社会变革，绝不是轻轻松松就能实现的。各级党委和政府要拿出抓铁有痕、踏石留印的劲头，明确时间表、路线图、施工图，推动经济社会发展建立在资源高效利用和绿色低碳发展的基础之上。不符合要求的高耗能、高排放项目要坚决拿下来"。

现在,"碳排放""碳中和"等概念已经以国家战略部署的姿态进入公众视野,中国力争2030年碳达峰、2060年碳中和,这些目标离不开亿万公众的共同努力。日常生活尤其是居民消费是碳排放的终端,据测算,中国居民生活碳排放量占总排放量的40%(Xiaoling Zhang,2017),并且随着物质生活水平的提升,居民生活碳排放占比还有可能继续增加,如何在日常生活中减少碳排放?普通居民能够为碳达峰和碳中和做些什么呢?

有研究表明,在欧洲居民平均碳足迹中,交通运输占比30%,餐饮占比17%,家庭生活占比22%,家具、生活用品占比10%,服装占比4%(Ivanova et al.,2017)。其中各项均与日常生活紧密相关。对于中国居民来说,吃、住、行也是碳排放的重要领域。因此,中国居民可以从日常生活中的细节做起,为减少碳排放,尽快实现碳中和作出贡献。比如,在"吃"的方面减少食物浪费,减少各类事件性宴请聚餐,提倡"光盘行动"与有机物再利用,根据《2018中国城市餐饮食物浪费报告》显示,朋友聚餐、商务宴请平均每餐每人食物浪费量分别为107克、102克,明显高于其他形式(家庭聚会每餐每人食物浪费量为95克、无特定目的就餐仅为67克);在"住"的方面,培养绿色生活习惯,做好垃圾分类、以晒干代替烘干、减少空调使用、降低热水温度等;在"行"的方面,减少私家车使用、尽量选择公共交通等。绿色生活方式显然还能为减少碳排放,实现碳中和作出更多的贡献。同时,碳排放也可以作为衡量绿色生活方式的重要标准,纳入未来绿色生活方式的研究中。

第四节 关于进一步研究的讨论

一 对舒适、清洁与方便的探讨

对物质的追求是人类的生存本能,对更好的物质享受也无可厚

第六章　绿色生活方式的构建

非。绿色生活方式从来不是要求人们过苦行僧般的生活。经历了困苦的、劳累的低层次的社会发展阶段,人们有理由活得更好。何为更好?就是在满足了基本的生存需要以后,人们还有追求更加舒适、更加便捷、更加卫生的物质享受。再进一步的,有些人还会追求奢华、精致的物质享受,以及具有不同审美情趣的精神享受。为了生存的发展和自我的发展,我们离不开对物质的追求。人们需要快乐和享受,以平民的视角来支持消费,争取快乐和相守,还是以精英的姿态来批判消费,驳斥消费异化,都无益于追求更好的生活。尤其在已经到来的消费社会时代,在收入分化、阶层分化业已形成的社会结构中,快乐和享受与消费在普罗大众的心里关联如此紧密,以至于那些试图批判过度消费、提倡回归简朴的精英们在面对消费不断增长的事实面前力不从心。

必要的担心是有理由的,以中国目前的人口状况,我们想要追求美国式的高能耗生活无异于自我毁灭。追求更好的、舒适、清洁、便利的生活似乎与绿色生活方式背道而驰,人们似乎对生活水平的提升存在一个基本的假设,就是更多的物质产品的支持。但在追求舒适度的同时,我们又不得不面对资源紧张的问题。从而,我们面临着追求更加舒适的生活还是遵循绿色节能的标准问题。有学者推算,如果在长江以南推行室内取暖,五年之内将消耗掉1.1亿吨标准煤,而中国建筑用能的上线为10亿吨标准煤,也就是说如果不顾后果地推行南方取暖,那么将在半个世纪内达到中国建筑用能的上限(江亿,2007)。而任何消费行为都会在一定程度上产生物质转移,这也是为什么公众总是习惯性地把消费与环境问题联系在一起。Spaargarren等人也曾在文章中探讨了"舒适、清洁与方便的标准"问题(Spaargarren,2011)。

事实上,舒适、清洁与方便并不直接与物质产品的占有和不断更新相关联,以服务替代物质的更新具有更加深远的意义。例如,法国供热商由直接向用户提供能源和供暖设备转变为提供全方位的"温暖服务"。用户只需根据温暖程度付账，由供热公司根据提高效率和实际情况为用户选择管道煤气还是壁炉取暖。无独有偶，美国开利空调公司决定从提供空调产品向提供"凉爽服务"转型，提出了"出租舒适"的设想，开利公司不仅向用户提供空调系统，还提供改进照明系统、安装节能玻璃甚至更新客户住宅装修等服务（Hawken & Lovnis，2000：163）。以服务的更新代替产品的更新确实不失为一种解决问题的办法。

佩尔·奥特内斯认为，我们关注的重点不应是"关于孤立产品的孤立选择"，而应是"各种成套的商品与服务"以及供应系统（Otnes，1988）。奥特内斯将其称为"日常生活的使用学"（chreseology of everyday life）。人们在现代化厨房中将烹饪用具、能源、电器和水等结合起来烹制食物，但是每一个家庭的烹制技巧、食材的选择、口味的选择等都十分不同，如北方人更爱熟烂的炖菜，南方人更喜新鲜的炒菜，因此，我们虽然可以预见烹饪的结果，却无法预知食物的味道，以奥特内斯的观点来看，现代化厨房以及其他生活背景，包括浴室、客厅、书房等，"它们是行动者利用烹饪或园艺工具的具体背景，而这些工具只有在集体社会物质系统连接的时候才能正常发挥作用"。从这个角度来说，日常惯例、惯习甚至文化背景等才是支撑生活方式的主要因素。

伊丽莎白·肖芙等学者认为应当把家庭消费的文化层面置于研究分析的中心（Shove，1997；Shove & Southerton，1998），在她看来，这些文化层面就是指人们赞同的并遵循的"舒适、清洁与方便"的标准，在分析家庭消费行为的时候，不仅应考虑消费品和基础设施（如自来水、电、太阳能等）的影响，也应当将人们所惯常遵守的诸如基本的卫生标准、普遍的使用需求等这些标准考虑在内。肖芙提出将规则和资源分为基础设施、商品以及惯例、使用与实践三个分类（Shove，1997）。

肖芙探讨了人们销售或购买冷柜、冰箱、浴缸、厨房用具和取

第六章 绿色生活方式的构建

暖设备的情况,她发现,虽然舒适、清洁与方便的标准是由人们特定的生活方式决定的,但是,某人一周洗淋浴的次数不仅仅取决于他所从事的工作或是参加的体育活动的多少,这个数字在很大程度上取决于其对普遍的清洁、舒适程度的认知,而清洁、舒适等的标准是在生活中不断地改变和重塑的,这些标准因时代的不同和文化的差异而千差万别。比如,传统的藏族人一生只洗三次澡,分别在出生、结婚和下葬时,这种习俗主要和早期游牧生活方式以及宗教信仰有关。从客观条件上看,藏民长期游牧,随时都可能移动帐篷寻找肥沃的草原,在这种情况下很难找到充足的水源,即使有河流,在海拔高气温低的西藏,冒着感冒甚至会送命的危险去洗澡显然不是牧民的理智选择;从主观条件看,洗澡会降低今生学佛的修养和感悟,虔诚的藏民也不会做出对佛祖不忠的事情。因此,在传统的藏民看来,在文化习俗和生活方式的影响下,洗澡不是必不可少的事情。但随着生活条件的改善,牧民逐渐稳定下来,像城市居民一样有固定住处,不再从事游牧工作,城镇化的发展和汉族文化的侵入,使得藏民的生活方式也逐渐改变,在拉萨等地也能够看到浴池、汗蒸等场所,藏民家里也有了热水器、浴缸等,对年轻的藏民来说,洗澡已经不是遥不可及的事情,除此之外他们也会在酒吧、商场中穿行,在网吧、游戏室中度过一个个不眠之夜。可见,人们对于舒适、清洁与方便等生活方式中最基本的标准并不是一成不变的,甚至可以是天壤之别的。人们对于这些基本标准的追求直接影响着生活方式的变迁,这些基本标准的追求也直接影响着能源、资源的使用数量和使用效率。

我们不能将消费本身看作一切环境问题的根源,如果说因为"资本的每个毛孔都带血"而憎恨资本、而远离资本,那么无论哪种制度下社会经济都是难以发展的,那么以此类推,因为消费增长、消费异化而憎恨消费,那么无益于社会转型,无益于环境友好型的绿色生活方式的建构。

二 对绿色生活方式的展望

行文至此,我们深信绿色生活方式在现有的社会结构框架下是有可能实现的。简单来说,未来绿色生活方式从产生到发展起来至少应当经历这样几个阶段:

第一,绿色生活方式的产生阶段。"'迷狂'不是天外之物,也不是从周边文化氛围中借用而来,而是一种'重新发现'。"(埃尔潘,2005:65)绿色生活方式过去曾经渗透在生活中的各个方面,我们所看到的、听到的、经历的种种事实——比如,家庭主妇们把淘米水用来浇花,一些办公大楼的空调按规定不能低于20摄氏度,等等。既有生活中不被察觉的小细节,也有上升到社会政策上的大事件,而这些事实恰恰代表了绿色生活方式已经产生。换句话说,绿色生活方式有别于那种完全没有意识到环境问题、资源问题的我行我素的生活方式,只要意识到了这些环境、资源问题的存在,进而做出行为的改变都能够成为绿色生活方式的来源。当然,在绿色生活方式产生之处,我们还不能判断某种行为或是某项政策是否真的对资源环境产生积极影响,我们仅仅能够体会到有意识与无意识的差别,这在绿色生活产生之初已经足够。

第二,绿色生活方式的创造阶段。人类的想象力无穷无尽,以至于一旦开启了某种意识,人类就能够本能地带着这种意识展开探索,完成一系列的创造。在这个阶段,我们能够做得更多了,具体包括两个方面:一是发现生活中更多的有利于资源环境的行为,二是对所有发现的生活中被认为是有利于资源环境的行为进行考察,以检验其是否真的有利于资源和环境的改善。实践证明,人类有能力从事这种保护资源环境并挖掘自身潜力的创造活动并将其发扬光大。美国建筑师迈克尔·雷诺兹在世界各地建造的"大地之舟"就是一项最好的证明。他尝试用废弃轮胎、酒瓶和易拉罐等"垃圾"建造房屋,1972年,迈克尔·雷诺兹首次建造出一座以轮胎和酒瓶为主要材质的"拇指房屋",他建造的房屋有如下特征:其一,建筑材料使用日常生活中的废弃材料,比如用钢丝将易拉罐捆绑起来,与废弃轮胎排列整齐,加入泥土和泥浆浇筑成为墙体,他还会用到五颜六色的酒瓶来装饰墙体,房子的实用性和美观并行不悖。其二,"大地之舟"利用新型能源,比如太阳能和风能来产生电能,实现能源的自给自足。其三,利用太阳和土墙来调节室内温度,轮胎的弹性和泥土的保温性使得"大地之舟"的墙体可以对抗地震,冬天最大限度地把阳光引进来,提升室内温度,夏天打开天窗和地下蓄水池的通风口,利用自然空气流动降低室内温度。其四,"大地之舟"中还有能够提供食物的阳光房,种植瓜果蔬菜,尽可能地实现自给自足。其五,他所建造的房子不需要任何外接水电排污系统,可以收集雨水经过过滤用于饮用和日常洗漱、清洗,甚至房子里能够种植植物以供使用,废水过滤后排到野外。迈克尔·雷诺兹在世界各地建造"大地之舟",其理念就是实现人类生存和环境保护的和谐统一。这只是人类绿色生活方式创制过程中的一部分,除此之外,诸如产品的革新、机制的改变、都是整个社会绿色发展的组成部分。

第三,"前卫群体"的带入阶段。在消费领域,一些新的商品一旦出现,总会有一些敢于第一个吃螃蟹的人主动去尝试,作为生产者本身,也会通过广告宣传等手段把新的商品推向一部分特殊群体率先尝试,这就是所谓的"前卫群体"。需要说明的是,前卫群体对于商品的态度其实并不能代表所有消费者的态度,前卫群体甚至不应当代表其他消费者表明态度,或是喜欢或是讨厌,表明态度也许可以带动一部分消费者购买商品,但负面的态度也许会把更多的消费者阻隔在购买商品的过程中。所以,前卫群体最大的价值就是无视其他消费者的反应,仅仅是使用商品,他们就能发挥最大的作用。比如,近年来有一些环保人士开始践行"ZERO WASTE LIFE",这是一种崇尚极简、不浪费、再循环的可持续生活方式。这种起源于美国的"运动",鼓励重新设计资源生命周期,以便重复使用所有产品,目标是不把垃圾送到垃圾填埋场、焚化炉或海洋。国内也有一些"前卫群体"已经开始尝试断舍离的极简生活，北京零垃圾践行者 Elsa、深圳零垃圾交流平台的创办者一林[①]、北京情侣余元和 Joe[②]等都是新型生活方式的践行者，虽然他们的实践行动并不一定能够把"ZERO WASTE LIFE"这样一种绿色环保的生活方式在全社会铺开，实际上这也是不可能实现的，但他们的实践正在证明一种新的生活方式的可行性，更重要的是他们实践的象征性意义——对环境的关注、对人类自身的关注、对生活的改变——引发了更多人的思考。在绿色生活方式的发展阶段，前卫群体也是必不可少的，这里不仅仅是指明绿色生活方式必然会同一些商品相联系，而且笔者也想说明，与绿色生活方式相联系的社会文化背景、主流价值观，同样需要这样一些前卫群体去创造和带动。

第四，绿色生活方式的形成阶段。"一项革新只有与其他商品形成体系时，它才能对日常生活产生持久的影响。"（埃尔潘，2005：45）"体系"在这个阶段具有决定性的作用。许多事务和行为或许会以一种全新的方式出现，改变不是发生在某个群体、某个阶层或是某个区域和国家，而应当是与生活密切相关的一切事务和行为的改变。简单来说，以垃圾无害化处理为例，在这个阶段，我们不再仅仅追求设立几个垃圾站，而是转向对垃圾分类到回收到无害处理的一整套体系的建设。

三 研究不足及改进方向

不可避免，本书仍旧存在诸多不足和不尽如人意的地方。比如，由于资金和人力的问题，没有进行专门的绿色生活方式的问卷调查，

---

① 生活者942：《"零垃圾生活"践行者一林，用一个罐子装下了家里一周的垃圾》，https：//www.sohu.com/a/382474988_400742，2020年3月23日。

② 一条：《一对北京情侣，3年不买衣服，极简生活零浪费》，https：//www.douban.com/note/697011560/? from = author，2018年11月27日。

第六章 绿色生活方式的构建

采用现有的 CGSS 数据,且囿于数据的限制,在某种程度上并不能对生活方式进行全面的测量,使得研究具有一定的局限性;作为一次尝试性的探索,本书对于绿色生活方式及其影响因素的界定必然还存在值得探讨的内容,未能对生活方式的情景因素和动态过程加以全面考察,诸如此类的遗憾还有一些。为了弥补研究的不足,笔者未来更进一步的研究准备从以下几方面着手。

第一,搜集更多的数据库资料,对当代居民的生活方式做进一步的分析,对生活情景、日常生活实践等方面对绿色生活方式的影响进行更进一步的调查和研究。

第二,进一步推进绿色生活方式的横向和纵向研究。选取具有代表性的调查地点,比如经济发达地区和欠发达地区的主要城市、农村,进行横向对比;追溯早期数据和文献,确立连续性的研究步骤,将生活方式研究向具有时间维度的纵深研究推进。

第三,跟进城市化进程中农村居民、农转非居民生活方式变迁的研究。乡村环境治理一直是笔者的一项研究兴趣,在乡村振兴战略的感召下,乡村环境治理研究也有着重要的现实意义。一方面,我国的城乡二元社会结构一直存在且影响深远,农村点源污染与面源污染并存的局面不仅加大了环境治理难度,而且又在某种程度上强化着已有的二元社会结构(洪大用、马芳馨,2004)。即使在城市化进程迅速推进的今天,许多已经转变为城市居民的原农村居民在城市生活中出现了诸多的"不适应",甚至与城市居民出现区隔现象。其中很大一部分原因在于农村居民原来在农村的生活方式、行为方式与城市生活方式存在很大的差异,甚至显得格格不入,加大了城市与农村的二元对立的矛盾。因此,从农村居民和农转非居民的生活方式入手,探讨其在农村社会空间和城市社会空间两种情境下的过度和转变,将对绿色生活方式的研究起到补充和推进的作用。

参考文献

一 中文论文

包智明、陈占江:《中国经验的环境之维:向度及其限度——对中国环境社会学研究的回顾与反思》,《社会学研究》2011年第6期。

鲍宗豪:《社会现代化与当代都市生活方式的重构》,《中州学刊》2008年第1期。

边燕杰、刘勇利:《社会分层、住房产权与居住质量——对中国"五普"数据的分析》,《社会学研究》2005年第3期。

曹新:《社会进步与生态需求》,《消费经济》1999年第6期。

陈阿江:《从外源污染到内生污染——太湖流域水环境恶化的社会文化逻辑》,《学海》2007年第1期。

陈阿江:《水域污染的社会学届时——东村个案研究》,《南京师范大学》(社会科学版)2000年第1期。

陈阿江:《文本规范与实践规范的分离——太湖流域工业污染的一个解释框架》,《学海》2008年第4期。

陈浮:《城市高收入阶层生活方式与生活意识调查研究》,《人文地理》2002年第2期。

陈嘉明:《现代性与现代化》,《厦门大学学报》(哲学社会科学版)2003年第5期。

陈少英、苏世豪:《论生态文明与绿色精神文明》,《江海学刊》2002

年第 5 期。

陈涛:《生态现代化视角下对皖南农村发展的实证研究——兼论当代中国生态现代化的基本特征》,《现代经济探讨》2008 年第 7 期。

陈雯、何雨:《秩序·变迁·和谐——社会学透视下的改革开放及中国社会结构变迁与转型》,《改革与开放》2008 年第 7 期。

陈晓鹂:《生态时代下欧洲典型生活方式形态分析》,《设计艺术研究》2012 年第 2 期。

陈占江:《迈向行动的环境社会学——基于反思社会学的视角》,《社会学研究》2017 年第 3 期。

成伯清、李林艳:《现代消费与青年文化的建构》,《青年研究》1998 年第 7 期。

崔凤、唐国建:《环境社会学:关于环境行为的社会学阐释》,《社会科学辑刊》2010 年第 3 期。

戴丽:《绿色生活新方式——极简主义》,《节能与环保》2015 年第 6 期。

戴锐:《生活方式现代化:当前中国社会生活方式建构的理念与过程》,《社会科学辑刊》2002 年第 3 期。

樊雅丽:《生态文明理念下低碳生活方式的转型》,《文史博览》(理论版)2013 年第 1 期。

范成杰、彭远春:《消费方式:中国中产阶级之界定标准》,《天府新论》2005 年第 1 期。

方世南:《生态文明与现代生活方式的科学建构》,《学术研究》2003 第 7 期。

傅先庆:《略论"生态文明的理论内涵与实践方向"》,《新华文摘》1998 年第 3 期。

高丙中:《西方生活方式研究的理论发展叙略》,《社会学研究》1998 年第 3 期。

高清:《改革开放以来我国家庭的变迁与发展》,《攀登》2005 年第

6期。

龚文娟:《当代城市居民环境友好行为之性别差异分析》,《中国地质大学学报》(社会科学版)2008年第6期。

龚文娟:《社会经济地位差异与风险暴露——基于环境公正的视角》,《社会学评论》2013年第4期。

龚文娟、雷俊:《中国城市居民环境关心及环境友好行为的性别差异》,《海南大学学报》(人文社会科学版)2006年第3期。

郝睿:《21世纪消费模式的主流:可持续消费》,《消费经济》1999年第2期。

何传启:《经济与生态的和谐发展》,《江海学刊》2002年第3期。

何传启:《生态现代化的战略选择》,《理论与现代化》2007年第5期。

何晋勇、吴仁海:《生态现代化理论及其在国内应用》,《社会科学研究》2000年第6期。

何涛、刘翔:《公民社会视域下的人的现代化发展理路》,《理论观察》2014年第12期。

何志玉:《新时代人民美好休闲生活及意义》,《贵州社会科学》2018年第12期。

洪大用:《关于适度消费的若干思考》,《社会科学研究》1999年第6期。

洪大用:《关于中国环境问题和生态文明建设的新思考》,《探索与争鸣》2013年第10期。

洪大用:《环境关心的测量:NEP量表在中国的应用评估》,《社会》2006年第4期。

洪大用:《环境社会学与环境友好型社会建设》,《中国人民大学学报》2007年第1期。

洪大用:《经济增长、环境保护与生态现代化——以环境社会学为视角》,《中国社会科学》2012年第9期。

洪大用：《西方环境社会学研究》，《社会学研究》1999 年第 2 期。

洪大用：《中国低碳社会建设初论》，《中国人民大学学报》2010 年第 2 期。

洪大用、范叶超：《公众环境知识测量：一个本土量表的提出与检验》，《中国人民大学学报》2016 年第 4 期。

洪大用、范叶超、肖晨阳：《检验环境关心量表的中国版（CNEP）——基于 CGSS2010 数据的再分析》，《社会学研究》2014 年第 4 期。

洪大用、卢春天：《公众环境关心的多层分析——基于中国 CGSS 2003 的数据应用》，《社会学研究》2011 年第 6 期。

洪大用、肖晨阳：《环境关心的性别差异分析》，《社会学研究》2007 年第 2 期。

胡鞍钢：《绿色现代化：中国未来的选择》，《学术月刊》2009 年第 10 期。

胡鞍钢：《全球气候变化与中国绿色发展》，《中共中央党校学报》2010 年第 2 期。

胡鞍钢：《中国现代化之路（1949—2010）》，《新疆师范大学学报》（哲学社会科学版）2015 年第 36 卷第 2 期。

黄英娜、叶平：《20 世纪末西方生态现代化思想评述》，《国外社会科学》2001 年第 4 期。

江亿：《我国建筑能耗状况与节能重点》，《建设科技》2007 年第 5 期。

揭爱花：《单位：一种特殊的社会生活空间》，《浙江大学学报》（人文社会科学版）2000 年第 4 期。

金岱：《文化现代化：作为普世性的生活方式现代化——当下中国问题的文化进路论略》，《学术研究》2011 年第 1 期。

金乐琴、刘瑞：《低碳经济与中国经济发展模式转型》，《经济问题探索》2009 年第 1 期。

金乐琴、张红霞：《可持续发展战略实施中央与地方政府的博弈分析》，《经济理论与经济管理》2005年第12期。

景军：《认知与自觉：一个西北乡村的环境抗战》，《中国农业大学学报》（社会科学版）2009年第4期。

康兰波、王伟民：《生态价值观与人类现有生存方式的改变》，《青海社会科学》2003年第6期。

李春玲：《当代中国社会的消费分层》，《中山大学学报》（社会科学版）2007年第4期。

李春玲：《中国社会分层与生活方式的新趋势》，《科学社会主义》2004年第1期。

李春生：《生态体验：从休闲到生态休闲》，《自然辩证法研究》2006第10期。

李刚：《透视近年来生态价值观研究的多重向度》，《理论月刊》2006年第2期。李国庆：《日本环境社会学的理论与实践》，《国外社会学》2015年第五期。

李国庆：《日本环境社会学的理论与实践》，《国外社会学》2015年第5期。

李培林：《中国改革以来社会的发展变化》，《百科知识》1992年第9期。

李培志：《城市生活方式的新动向：网络消费与网络休闲——基于文化堕距理论的考察》，《行政与法》2010年第6期。

李强：《转型时期城市"住房地位群体"》，《江苏社会科学》2009年第4期。

李松龄：《制度供给：理论与实证》，《湖南财经高等专科学校学报》1999年第3期。

李文阁：《生活哲学的复兴》，《哲学研究》2008年第10期。

李勇进：《中国环境政策演变和循环经济发展对实现生态现代化的启示》，《中国人口·环境与资源》2008年第5期。

李友梅、翁定军：《马克思关于"代谢断层"的理论》，《思想战线》2001 年第 2 期。

梁琦：《构建生态消费经济观——兼评我国适度消费理论》，《经济学家》1997 年第 3 期。

廖小平：《改革开放以来中国社会代际价值观的嬗变轨迹》，《甘肃社会科学》，2006 年第 4 期。

廖小平：《改革开放以来中国社会价值观变迁之基本特征》，《哲学动态》2014 年第 8 期。

廖小平、周泽宇：《价值观的分化探析——以改革开放以来中国社会为背景》，《北京大学学报》（哲学社会科学版）2013 年第 3 期。

林修果：《论中国现代化进程中的契约精神》，《福建论坛》（人文社会科学版）2006 年第 1 期。

刘晶茹、王如松、杨建新：《可持续发展研究新方向：家庭可持续消费研究》，《中国人口·资源与环境》2003 年第 1 期。

刘少杰：《实践原则在当代社会理论中的复兴与创新》，《社会科学研究》2007 年第二期。

吕志奎：《改革开放以来中国政府转型之路：一个综合框架》，《中国人民大学学报》2013 年第 3 期。

麻国庆：《环境研究的社会文化观》，《社会学研究》1993 年第 5 期。

马国栋：《反思生态现代化制度建设——以节水型社会制度建设为例》，《理论与现代化》2009 年第 6 期。

马戎：《必须重视环境社会学——谈社会学在环境科学中的应用》，《北京大学学报》（哲学社会科学版）1998 年第 4 期。

马文佳：《绿色生活方式的休闲内蕴》，《晋阳学刊》2019 年第 6 期。

孟禹言：《依托社区推进低碳生活方式的途径》，《开放导报》2011 年第 1 期。

彭文俊、王晓鸣：《生态位概念和内涵的发展及其在生态学中的定位》，《应用生态学报》2016 年第 1 期。

彭远春：《试论我国公众环境行为及其培育》，《中国地质大学学报》（社会科学版）2011年第11期。

秦晓等：《社会转型与现代性问题座谈纪要》，《读书》2009年第7期。

孙冰、徐晓菲、姚洪涛：《基于MLP框架的创新生态系统演化研究》，《科学学研究》2016年第8期。

孙立平：《迈向实践的社会学》，《江海学刊》2002年第3期。

孙俪：《社会学取向的家庭消费研究综述》，《广西社会科学》2007年第10期。

唐国建、崔凤：《论人类的环境行为及其可选择性——基于环境社会学学科定位的思考》，《学习与探索》2010年第6期。

唐国建、王辰光：《回归生活：农村环境整治中村民主体性参与的实现路径——以陕西Z镇5个村庄为例》，《南京工业大学学报》2019年第2期。

唐魁玉、张妍：《社会变迁理论视野下的人民生活——以30年来中国人的日常生活变迁为中心》，《黑龙江社会科学》2008年第4期。

田丰：《消费、生活方式和社会分层》，《黑龙江社会科学》2011年第1期。

王芳：《理性的困境：转型期环境问题的社会根源探析——环境行为的一种视角》，《华东理工大学学报》（社会科学版）2007年第1期。

王芳：《文化、自然界与现代性批判——环境社会学理论的经典基础与当代视野》，《南京社会科学》2006年第12期。

王芳：《行动者及其环境行为博弈：城市环境问题形成机制的探讨》，《上海大学学报》（社会科学版）2006年第5期。

王宁：《消费系统现代化——一个扩大消费的社会学视角》，《中山大学学报》（社会科学版）2009年第6期。

王琪廷：《中国城市居民生活时间分配分析》，《社会学研究》2000年第 4 期。

王勤：《现代化、全球化与文化自觉——对传统日常生活的双重批判及其思考》，《求是学刊》2001 年第 6 期。

王书明：《专家、生活者与生态系统服务价值的建构——生态文明制度建设的基础研究》，《哈尔滨工业大学学报》（社会科学版）2017 年第 7 期。

王泗通：《"熟人社会"前提的社区居民环境行为》，《重庆社会科学》2016 年第 4 期。

王晓楠：《城市居民垃圾分类行为影响路径研究——差异化意愿与行动》，《中国环境科学》2020 年第 8 期。

王晓毅：《重建乡村生活 实现乡村振兴》，《华中师范大学学报》（人文社会科学版）2019 年第 1 期。

王雅林：《当代中国日常生活伦理的建构》，《辽宁大学学报》2008 年第 1 期。

王雅林：《发展：回归生活本体》，《学术交流》2009 年第 9 期。

王雅林：《生活方式的理论魅力与学科建构——生活方式研究的过去与未来 20 年》，《江苏社会科学》2003 年第 3 期。

王雅林：《生活方式研究评述》，《社会学研究》1995 年第 4 期。

王治河：《后现代生态文明与现代生活方式的转变》，《岭南学刊》2010 年第 3 期。

王子敏、杨小军：《居民生活能耗增长的分解与影响因素研究——基于习惯形成视角》，《北京理工大学学报》（社会科学版）2013 年第 10 期。

文军：《农民市民化：从农民到市民的角色转型》，《华东师范大学学报》（哲学社会科学版）2004 年第 3 期。

闻晓祥：《中国社会结构变迁与新型的日常生活世界》，《社会科学辑刊》1999 年第 3 期。

肖晨阳、洪大用：《环境关心的性别差异分析》，《社会学研究》2007

年第 2 期。

肖瑛：《差序格局与中国的现代转型》，《探索与争鸣》2014 年第 6 期。

肖瑛：《从"国家与社会"到"制度与生活"：中国社会变迁研究的视角转换》，《中国社会科学》2014 年第 9 期。

谢来辉：《碳锁定、"解锁"与低碳经济之路》，《开放导报》2009 年第 5 期。

谢立中：《社会变迁过程中的复杂性》，《首都师范大学学报》（社会科学版）2003 年第 2 期。

刑哲：《21 世纪青年生活方式发展的趋势》，《中国青年政治学院学报》1999 年第 4 期。

薛奕曦、王卓莉、史红斌：《社会—技术转型核心分析框架研究：理论烟花、关键内容与研究展望》，《管理现代化》2020 年第 6 期。

杨家栋、秦兴方：《可持续消费行为及其制度安排》，《消费经济》2000 年第 2 期。

姚本先、陆敏：《物质主义概念与测量研究的现状与展望》，《心理研究》2010 年第 3 期。

姚作为、王国庆：《制度供给理论述评——经典理论演变与国内研究进展》，《财经理论与实践》2005 年第 1 期。

衣俊卿：《日常交往与非日常交往》，《哲学研究》1992 年第 10 期。

余谋昌：《环境哲学的使命：为生态文化提供哲学基础》，《深圳大学学报》（人文社会科学版）2007 年第 3 期。

俞可平：《中国公民社会：概念、分类及制度环境》，《中国社会科学》2006 年第 1 期。

袁银传、王喜：《马克思主义视域中的中国特色社会主义生态文明建设》，《山东社会科学》2013 年第 8 期。

岳经纶、颜学勇：《走向新社会政策：社会变迁、新社会风险与社会政策转型》，《社会科学研究》2014 年第 2 期。

翟杰全：《传统文化·科学·现代化——对中国传统文化现代化的一种反思》，《中国文化研究》1995 年第 2 期。

张斐男：《黑龙江省城市居民环境关心状况研究》，《黑龙江社会科学》2013 年第 2 期。

张虎祥：《现代科技革命与生活方式研究》，《社会》2001 年第 5 期。

张玉林：《政经一体化开发机制与中国农村的环境冲突》，《探索与争鸣》2006 年第 5 期。

张志坚、林锦郎：《民众环境行为判断之经济、社会、政治系统解析——PAM 观点》，《海峡科学》2016 年第 5 期。

张治忠：《论当代中国绿色发展观的伦理意蕴》，《伦理学研究》2014 年第 4 期。

张治忠：《马克思主义绿色发展观的价值维度》，《求索》2014 年第 12 期。

赵丽宏：《构建可持续生活消费方式的支持体系研究》，《学术交流》2010 年第 1 期。

郑杭生：《论"传统"的现代性变迁——一种社会学视野》，《社会科学研究》2004 年第 2 期。

郑杭生：《论现代的成长与传统的被发明》，《天津社会科学》2008 年第 3 期。

郑杭生：《社会三大部门协调与和谐社会建设——一种社会学分析》，《中国特色社会主义研究》2006 年第 1 期。

郑杭生：《社会转型论及其在中国的表现——中国特色社会学理论探索的梳理和回顾之二》，《广西民族学院学报》（哲学社会科学版）2003 年第 10 期。

郑杭生：《新型现代性及其在中国的前景》，《学术月刊》2006 年第 2 期。

郑杭生、费菲：《传统、理性及意识形态的多重变奏——传统观问题再探》，《河北学刊》2009 年第 6 期。

郑杭生、郭星华：《当代中国价值评判体系的转型》，《社会学研究》1995年第5期。

郑杭生、陆汉文：《现代性社会理论的演变》，《浙江学刊》2004年第3期。

郑杭生、杨敏：《个人与社会的关系——从前现代到现代的社会学考察》，《江苏社会科学》2003年第1期。

郑杭生、杨敏：《现代化过程中"个人"的创生与集体化——行走在自我创新前夜的"个人"》，《社会》2006年第2期。

郑文先：《简论社会理解的类型》，《华中师范大学学报》（哲学社会科学版）1997年第7期。

郑文先：《试论社会理解的客观性》，《湘潭师范学院学报》（社会科学版）2001年第5期。

郑云鹤：《工业化、城市化、市场化与中国的能源消费研究》，《北方经济》2006年第6期。

钟兴菊、罗世兴：《接力式建构：环境问题的社会建构过程与逻辑——基于环境社会组织生态位视角分析》，《中国地质大学学报》（社会科学版）2021年第1期。

周大鸣、廖子怡：《变迁中的个人与社会关系——以辽宁鞍钢职工家庭住房为例》，《学习与探索》2015年第7期。

周晓虹：《理想类型与经典社会学的分析范式》，《江海学刊》2002年第2期。

周业安：《中国制度变迁的演进论解释》，《经济研究》2000年第5期。

朱迪：《我国可持续消费的政策机制：历史和社会学的分析维度》，《广东社会科学》2016年第3期。

朱红文：《在现代性的视野中探求人的发展》，《学习与探索》2005年第5期。

邹骥、傅莎、王克：《中国实现碳强度削减目标的成本》，《环境保护》2009年第24期。

二 中文著作

《马克思恩格斯全集》第46卷，人民出版社2003年版。

《邓小平文选（第三卷）》，人民出版社1993年版。

陈昕：《救赎与消费：当代中国日常生活的消费主义》，江苏人民出版社2003年版。

陈宴清主编：《当代中国社会转型论》，山西教育出版社1998年版。

费孝通、张之毅：《云南三村》，社会科学文献出版社2006年版。

费孝通：《社会学概论（试讲版）》，天津人民出版社1984年版。

费孝通：《乡土中国》，生活·读书·新知三联书店1985年版。

高宣扬：《后现代论》，中国人民大学出版社2005年版。

杭斌：《经济转型期中国城乡居民消费行为的实证研究》，中国统计出版社2007年版。

何传启：《东方复兴：现代化的第三条道路》，商务印书馆2003年版。

何怀远：《发展观的价值维度》，社会科学文献出版社2005年版。

何明升、王雅林主编：《中国城镇居民的消费生活方式》，黑龙江教育出版社1992年版。

洪大用：《巨变时代的实践自觉——学思践悟集》，中国人民大学出版社2020年版。

洪大用：《社会变迁与环境问题——当代中国环境问题的社会学阐释》，首都师范大学出版社2001年版。

洪大用、范叶超等：《迈向绿色社会——当代中国环境治理实践与影响》，中国人民大学出版社2020年版。

洪大用、马国栋等：《生态现代化与文明转型》，中国人民大学出版社2014年版。

洪大用、肖晨阳：《环境友好的社会基础——中国市民环境关心与行为的实证研究》，中国人民大学出版社 2012 年版。

洪大用等：《中国民间环保力量的成长》，中国人民大学出版社 2007 年版。

洪大用主编：《环境社会学》，中国人民大学出版社 2021 年版。

胡鞍钢、王绍光、康晓光：《中国地区差距报告》，辽宁人民出版社 1995 年版。

胡博、刘荣等编：《STATA 统计分析与应用》，电子工业出版社 2014 年版。

胡建一编：《城市居民低碳生活方式基础研究——基于上海徐汇示范区居民调查》，上海社会科学院出版社 2012 年版。

胡涛主编：《中国的可持续发展研究——从概念到行动》，中国环境科学出版社 1995 年版。

金耀基：《中国现代化的终极愿景》，上海人民出版社 2013 年版。

瞿明安：《中国民族的生活方式》，中国社会科学出版社 1993 年版。

李强、洪大用等：《市场经济、发展差距与社会公平》，黑龙江人民出版社 1995 年版。

李淑梅：《社会转型与人的现代重塑》，山西教育出版社 1998 年版。

李素霞：《交往手段革命与交往方式变迁》，人民出版社 2005 年版。

李霞：《生活方式变迁与选择》，人民出版社 2012 年版。

刘建军：《单位中国——社会调控体系重构中的个人、组织与国家》，天津人民出版社 2000 年版。

刘少杰：《国外社会学理论》，高等教育出版社 2006 年版。

刘少杰：《后现代西方社会学理论》，社会科学文献出版社 2002 年版。

刘小枫：《现代性社会理论绪论——现代性与现代中国》，生活·读书·新知三联书店 1998 年版。

刘祖云：《从传统到现代：当代中国社会转型研究》，湖北人民出版社 2000 年版。

陆汉文:《现代性与生活世界的变迁——20 世纪二三十年代中国城市居民日常生活的社会学研究》,社会科学文献出版社 2005 年版。

陆学艺:《当代中国社会阶层研究报告》,社会科学文献出版社 2002 年版。

潘家华等:《生态文明建设的理论构建与实践探索》,中国社会科学出版社 2019 年版。

彭远春:《城市居民环境行为研究》,光明日报出版社 2013 年版。

生态环境部宣传教育中心:《绿色发展新理念:绿色出行》,人民日报出版社 2020 年版。

孙国强:《循环经济的新范式:循环经济生态城市的理论与实践》,清华大学出版社 2005 年版。

孙立平:《断裂——20 世纪 90 年代以来的中国社会》,社会科学文献出版社 2003 年版。

陶传进:《环境治理:以社区为基础》,社会科学文献出版社 2005 年版。

王宁:《从苦行者社会到消费者社会:中国城市消费制度、劳动激励与主体结构转型》,社会科学文献出版社 2009 年版,第 481 页。

王宁:《消费社会学》,社会科学文献出版社 2011 年版。

王玉波、瞿明安:《超越传统——生活方式转型取向》,京华出版社 1997 年版。

郗小林、徐庆华:《中国环境意识调查》,中国环境科学出版社 1998 年版。

杨菊华:《社会统计分析与数据处理技术——STATA 软件的应用》,中国人民大学出版社 2008 年版。

杨菊华:《数据管理与模型分析:STATA 软件应用》,中国人民大学出版社 2012 年版。

杨通进等:《现代文明的生态转向》,重庆出版社 2007 年版。

叶启政:《启蒙人文精神的历史命运:从生产到消费》,中国社会科学院社会学所：《中国社会学》第 1 卷，上海人民出版社 2002 年版。

衣俊卿：《现代化与文化阻滞力》，人民出版社 2005 年版。

衣俊卿：《现代话与日常生活批判——人自身现代化的文化透视》，黑龙江教育出版社 1994 年版。

于光远、马惠娣：《于光远马惠娣十年对话——关于休闲学研究的基本问题》，重庆大学出版社 2008 年版。

余谋昌：《创造美好的生态环境》，中国社会科学出版社 1997 年版。

章开沅、罗福惠主编：《比较中的审视：中国早期现代化研究》，浙江人民出版社 1993 年版。

赵卫华：《地位与消费：当代中国社会各阶层消费状况研究》，社会科学文献出版社 2007 年版。

赵永革、王亚男：《百年城市变迁》，中国经济出版社 2000 年版。

郑杭生：《中国社会学 30 年（1978—2008）》，中国社会科学出版社 2008 年版。

郑杭生：《中国特色社会学理论的探索：社会运行论、社会转型论、学科本土论、社会互构论》，中国人民大学出版社 2005 年版。

郑杭生等：《社会指标理论研究》，中国人民大学出版社 1989 年版。

郑红娥：《社会转型与消费革命——中国城市消费观念的变迁》，北京大学出版社 2006 年版。

周长城等：《社会发展与生活质量》，社会科学文献出版社 2000 年版。

朱迪：《品味与物质欲望——当代中产阶层的消费模式》，社会科学文献出版社 2013 年版。

朱高林：《中国城镇居民物质消费水平变化趋势研究（1957—2011）》，科学出版社 2015 年版。

朱庆芳、吴寒光：《社会指标体系》，中国社会科学出版社 2001 年版。

三　中文译著

［德］佛洛姆：《生命之爱》，罗原译，工人出版社1988年版。

［德］哈贝马斯：《公共领域的结构转型》，曹卫东译，学林出版社1999年版。

［德］哈贝马斯：《现代性的哲学话语》，曹卫东等译，译林出版社2004年版。

［德］马尔库塞：《单向度的人》，张峰等译，重庆出版社1988年版。

［德］乌尔里希·贝克：《风险社会》，何博文译，译林出版社2004年版。

［法］埃德温·扎卡伊主编：《可持续消费、生态与公平贸易》，鞠美庭、展刘洋、孙阳等译，化学工业出版社2013年版。

［法］尼古拉·埃尔潘：《消费社会学》，孙沛东译，社会科学文献出版社2005年版。

［法］皮埃尔·布迪厄：《实践与反思：反思社会学导引》，李猛、李康译，中央编译出版社2004年版。

［法］让·鲍德里亚：《消费社会》，刘成富等译，南京大学出版社2001年版。

［荷］阿瑟·莫尔、［美］戴维·索南菲尔德：《世界范围的生态现代化——观点和关键争论》，张鲲译，商务印书馆2011年版。

［加］约翰·汉尼根，《环境社会学》，洪大用等译，肖晨阳主校，中国人民大学出版社2009年版。

［美］阿列克斯·英克尔斯、戴维·H.史密斯：《从传统人到现代人——六个发展中国家中的个人变化》，顾昕译，中国人民大学出版社1992年版。

［美］艾伦·杜宁：《多少算够——消费社会与地球的未来》，毕聿译，吉林人民出版社1977年版。

［美］保罗·霍肯等：《自然资本论——关于下一次工业革命》，王乃

粒、诸大建、龚义台译，上海科学普及出版社 2000 年版。

［美］查尔斯·哈珀：《环境与社会——环境问题中的人文视野》，肖晨阳等译，天津人民出版社 1998 年版。

［美］丹尼尔·贝尔：《后工业社会的来临——对社会预测的一项探索》，高铦、王宏周、魏章玲译，商务印书馆 1984 年版。

［美］德·希·珀金斯：《中国农业的发展（1368—1968 年）》，上海译文出版社 1984 年版。

［美］凡勃伦：《有闲阶级论》，蔡受百译，商务印书馆 1964 年版。

［美］劳伦斯·汉密尔顿：《应用 STATA 做统计分析》，郭志刚等译，重庆大学出版社 2011 年版。

［美］马斯洛：《动机和人格》，马良诚译，陕西师范大学出版社 2010 年版。

［美］曼纽尔·卡斯特：《网络社会的崛起》，夏铸九等译，社会科学文献出版社 2001 年版。

［美］施里达斯·拉夫尔：《我们的家园——地球》，中国环境科学出版社 1993 年版。

［美］英格尔斯：《人的现代化》，殷陆君编译，四川人民出版社 1985 年版。

［美］约翰·康芒斯：《制度经济学》，于树生译，商务印书馆 1983 年版。

［美］詹姆斯·M. 布坎南、戈登·塔洛克：《同意的计算：立宪民主的逻辑基础》，陈光金译，中国社会科学出版社 2000 年版。

［日］饭岛伸子：《环境社会学》，包智明译，社会科学文献出版社 1999 年版。

［日］鸟越皓之：《环境社会学——站在生活者的角度思考》，宋金文译，中国环境科学出版社 2009 年版。

［日］岩佐茂：《环境的思想——环境保护与马克思主义的结合处》，韩立新等译，中央编译出版社 2006 年版。

［匈］阿格妮丝·赫勒：《日常生活》，衣俊卿译，重庆出版社 1990 年版。

［匈］乔治·卢卡奇：《审美特性》第 1 卷，徐恒醇译，中国社会科学出版社 1986 年版。

［英］吉登斯：《现代性的后果》，田禾译，黄平校，译林出版社 2012 年版。

［英］卡尔·波兰尼：《大转型：我们时代的政治与经济起源》，冯钢、刘阳译，浙江人民出版社 2007 年版。

［英］齐格蒙特·鲍曼：《流动的现代性》，欧阳景根译，生活·读书·新知三联书店 2002 年版。

四 学位论文及其他中文文献

陈婧：《上海高耗能群体的生活方式研究》，博士学位论文，复旦大学，2012 年。

范叶超：《"危险的炊烟"：乡村日常生活与环境变化》，博士学位论文，中国人民大学，2018 年。

国家环保总局宣教中心等：《全国公众环境意识调查报告》（2006），http：//www.docin.com/p-18399049.html。

孙岩：《居民环境行为及其影响因素研究》，博士学位论文，大连理工大学，2006 年。

张斐男：《中国当代居民环境关心的地区差异研究》，硕士学位论文，中国人民大学，2010 年。

张真：《城市生活垃圾的减物质化研究》，博士学位论文，复旦大学，2003 年。

《中国环境行政保护二十年》编委会编：《中国环境保护行政二十年》，中国环境科学出版社 1994 年版，第 308 页。

中国社会科学院经济学部：《生态环境与经济发展》，经济管理出版社 2008 年版。

中国现代化战略研究课题组：《中国现代化报告2007》，北京大学出版社2007年版。

五　英文文献

Abrahamse, Wokje, et al. "The Effect of Tailored Information, Goal Setting, and Tailored Feedback on Household Energy use, Energy-Related Bbehaviors, and Behavioral Antecedents", *Journal of Environmental Psychology*, Vol. 27, No. 4, December 2007.

Anthony Giddens, *The Constitution of Society: Outline of the Theory of Strucration*, Cambridge: Politu Press, 1984.

Arcury, T. A., Scolay, S. J., and T. P. Johnson. "Sex Diferences in Environmental Concern and Knowl-edge: The Case of Acid Rain", *Sex Roles*, Vol. 16, No. 9, 1987.

Belk, Russell W., "Materialism: Trait Aspects of Living in the Material World", *Journal of Consumer Research*, Vol. 12, No. 3, 1985.

Bin, Shui, and H. Dowlatabadi, "Consumer Lifestyle Approach to US Energy Use and the Related CO_2 emissions", *Energy Policy*, Vol. 33, No. 2, 2005.

Blake, D. E., Guppy, N. and Urmetzer, P., "Canadian Public Opinion and Environmental Action: Evidence from British Columbia", *Canadian Journal of Political Science*, Vol. 30, 1997.

Bmm, "The Impacts of Environmental Knowledge and Attitudes on Vehicle Ownership and Use", *Transpor-tation Research Part D: Transport and Environment*, Vol. 14, N0. 4, 2009.

Brand K. W., Environmental Consciousness and Behaviour: the Greening of Lifestyles, in Michael Redclift and Graham Woodgate, eds., *The International Handbook of Environmental Sociology*, Cheltenham, UK: Edward Elgar, 1997.

Chawla and Louise, "Life Paths Into Effective Environmental Action", *Journal of Environmental Education*, Vol. 31, No. 1, 1999.

Corcoran P. B., "Formative Infiuences in the Lives of Environmental Educators in the United States", *Environmental Edueation Researeh*, Vol. 5, No. 2, 1999.

Davis, Jody L., J. D. Green, and A. Reed, "Interdependence with the Environment: Commitment, Interconnectedness, and Environmental Behavior", *Journal of Environmental Psychology*, Vol. 29, No. 2, 2009.

Deborh S. Davis, *The Consumer Revolution in Urban China*, California: University of California Press, 2000.

D. Lifferink, Arthur P. J. Mol, "Voluntary Agreements as a Form of Deregulation? The Dutch Experience", in Collier eds., *Environmental Perspectives*, London: Routledge, 1998.

Dolnicar, Sara, and B. Gruen, "Environmentally Friendly Behavior: Can Heterogeneity Among Individuals and Contexts/ Environments Be Harvested for Improved Sustainable Management?" *Environment & Behavior*, Vol. 41, No. 5, 2009.

Dorceta E. Taylor, "The Rise of the Environmental Justice Paradigm-Injustice Farming and the Social Construction of Environmental Discouses", *American Behavioral Scientist*, Vol. 43, No. 4, 2000.

Dunlap R. E. & Jones Emmet, "Environmental Concern: Conceptual and Measurement Issues", in Dunlap Riley E., Michelson William, eds., *Handbook of Environmental Sociology*, Westport: CT Greenwood Press, 2002.

Dunlap R. E. & Van Liere, K. D., "The 'New Environmental Paradigm': A Proposed Instrument and Preliminary Results", *Journal of Environmental Education*, September 1978.

Dunlap R. E., Van Liere K. D., Merting, A. G., Jones, R. E.,

"Measuring Endorsement of the New Ecological Paradigm: A Revised NEP scale", *Journal of Social Issues*, Vol. 56, No. 3, 2000.

Duygan, M., Stauffacher, M., Grégoire Meylan", A Heuristic for Conceptualizing and Uncovering the Determinants of Agency in Socio-technical transitions", *Environmental Innovation and Societal Transitions*, No. 33, 2019.

Elizabeth Shove, Mika Pantazar, Matt Watson, *The Dynamics of Social Practice: Everyday Life and How It Changes*, SAGE Publications Ltd., 2012.

Ester & Van Der Meer, "Determinants of Individual Environmental Research Finding", *The Netherlands'Journal of Sociology*, January 1982.

Featherstone, Mike, "Lifestyle and Consumer Culture", *Theory, Culture & Society*, Vol. 4, 1987.

Fine, B., Leopold, E., *The World of Consumption*, London: Routledge, 1993.

Frederick Albert Lange, *The History of Materialism*, London: Routledge & Kegan Paul, 1925.

Frick J., Kaiser F. G. & Wilson M., "Environmental Knowledge and Conservation Behavior: Exploring Prevalence and Structure in a Representative Sample", *Personality and Individual Differences*, Vol. 37, 2004.

Gardner G. T. &Stern P. C., *Environmental Problems and Human Behavior*, Boston: Allyn and Bacon, 1996.

Geels Frank W., "The Dynamics of Transitions in Socio-technical Systems: A Multi-Level Analysis of the Transition Pathway from Horse-drawn Carriages to Automobiles (1860 – 1930)", *Technology Analysis & Strategic Management*, Vol. 17, No. 4, 2005.

Gert Spaargeren, "Sustainable Consumption: A Theoretical and Environmental Policy Perspective", *Society and Natural Resources*, Vol. 16, No. 9, 2003.

Grossman Gene M., Krueger Alan B. "Environmental Impacts of a North American Free Trade Agreement", *NBER Working Paper*, Vol. 11, No. 3914, 1991.

Hawthorne M. & Alabaster T., "Citizen 2000: Development of Environmental Citizenship", *Global Environmental Change*, No. 9, 1999.

Hayek F. A., *Individualism and Eeonomieorder*, London: Routledge & Kgan Puaz, 1949.

Hines J. M., Hungerford H. R., Tomera A. N., "Analysis and Synthesis of Research on Responsible Environmental Behavior: A Meta-analysis", *The Journal of Environmental Education*, Vol. 18, No. 2, 1986.

Howell, Susan E., and S. B. Laska, "The Changing Face of the Environmental CoalitionA Research Note", *Environment and Behavior*, Vol. 24, No. 1, 1992.

Hurter L. M., Hatch A., Johnson A., "Cross-National Gender Variation in Environmental Behaviors", *Social Science Quarterly*, Vol. 85, No. 3, 2004.

Hwang, Y. H., Kim, S. I., and J. Jeng, "Examining the Causal Relationships among Selected Antecedents of Responsible Environmental Behavior", *The Journal of Environmental Education*, Vol. 31, No. 4, 2000.

Ivanova et al., "Mapping the Carbon Footprint of EU Regions", *Environ. Res. Lett.*, No. 12, 2017.

Jenkins, J J. "Can We Have a Fruitful Cognitive Psychology?" *Nebraska Symposium on Motivation Nebraska Symposium on Motivation*, No. 28, 1980.

Kaiser, F. G. & Gutscher, H., The Proposition of a General Version of the Theory of Planned Behavior: Predicting Ecological Behavior, *Journal of Applied Social Psychology*, No. 19, 2013.

K. Chen, Z. Zhao, "Looking Forward to Two Stage Analysis and Study of Green Consumption Attitude-behavior Gap", *Economy & Management*, No. 3, 2015.

K. Fukuyama, "Effectiveness of Social Systems Sustained by Residents' Participation: A Collection System of Classified Garbage and Rubbish", *IEEE International Conference on Systems*, No. 1, 2000.

Kollmuss A., Agyeman J., "Mind the Gap: Why do People Act Environmentally and What are the Barriers to Pro-environmental Behavior?" *Environmental Education Research*, Vol8, No. 3, 2002.

K. Zhou, L. Ye, L. Geng, Q. Xu, "How Do Implicit Materialism and Postmaterialism Affect Proenvironmental Behavior?" *Social Behavior & Personality An Internation*, Vol. 43, No. 9, 2015.

La Trobe Helen, Acott Tim, "A Modified NEP/DSP Environmental Attitudes Scale", *Journal of Environmental Education*, Vol. 32, No. 1, 2000.

Lauber V. K., Hofer, "Business and Government Motives for Negotiating Voluntary Agreements: A Comparison of the Experiences in Austria, Denmark and the Netherlands", in Bern, eds., *Effectiveness of Policy Instruments for Improving EU Environmental Policy Implementation*, New York: Praeger, 1997.

Lei Zhang, Guizhen He, Arthur P. J. Mol, Yonglong Lu, "Public Perceptions of Environmental Risk in China", *Journal of Risk Research*, Vol. 16, No. 2, 2013.

Louis Mezei, "Factorial Validity of the Kluckhohn and Strodtbeck Value Orientation Scale", *Journal of Social Psychology*, Vol. 92, No. 1, 2010.

Martiskainen, Watson, "*Affecting Consumer Behavior on Energy Demand*", in *Report to EdF Energy*, SPRU: University of Sussex, 2007.

Max Weber, "Status Groups and Classes", in Max Weber, eds., *Essays in Sociology*, New York: Oxford University Press, 1968.

Mohai, Paul, and D. Kershner, "Race and Environmental Voting in the U. S. Congress", *Social Science Quarterly*, Vol. 83, No. 1, 2002.

Mol, Arthur P. J, "The Environmental Movement in an Era of Ecological Modernisation", *Geoforum*, Vol. 31, No. 1, 2000.

M. P. Maloney and M. P. Ward, "Ecology: Let's Hear from the People: An Objective Scale for the Meas-urement of Ecological Atitudes and Knowledge", *American Psychologist*, Vol. 28, No. 7, 1973.

O'Sullivan Tim, etc., *Key Concepts in Communication and Cultural Studies*, London: Routledge, 1994.

Palmer J. A., Suggate J., "Influences and Experiences Affecting the Pro-environmental Behavior of Educators", *Environmental Education Researeh*, Vol. 2, No. 1, 1996.

Palmer J. A., Suggate J., Robottom I., Hart P., "Significant Life Influences and Formative Influences on the Development of Adults' Environmental Awareness in the UK, Australia and Canada", *Environmental Education Research*, Vol. 5, No. 2, 999.

Pellow, David N., "The Politics of Illegal Dumping: An Environmental Justice Framework", *Qualitative Sociology*, Vol. 27, No. 4, 2004.

Poortinga W., Steg L., Vlek C., "Values, Environlnental Concern and Environmental Behavior: A Study into Household Energy Use", *Environment and Behavior*, Vol. 36, No. 1, 2004.

Ronald, and Inglehart, "Public Support for Environmental Protection: Objective Problems and Subjective Values in 43 Societies", *Political Science & Politics*, No. 15, 1995.

Schipper L., Bartlett S. et al, "Linking Life-styles and Energy Use: a Matter of Time?" *Annual Review of Energy*, No. 14, 1989.

Schipper L., "Lifestyles and the Environment: the Case of Energy", *Daedalus*, Vol. 125, 1996.

Schnaiberg A. & Gould K. A., Environment and Society: the Enduring Conflict, New York: ST. Martin's, 1994.

Schultz T. W., "Institutions and the Rising Economic Value of Man", *American Journal of A Gricultural Economics*, Vol. 50, No. 5, 1968.

Schwartz S. H., "Normative Influences on Altruism", in L. Berkowitz eds., *Advances in Experimental Social Psychology*, New York: Academic Press, Vol. 10, 1977.

Scott D. & Willits F. K., "Environmental Attitudes and Behavior: A Pennsylvania Survey", *Environment and Behavior*, Vol. 26, No. 2, 1994.

Stern, P. C., T. Dietz, and L. Kalof, "Value Orientations, Gender, and Environmental Concern", *Environment & Behavior*, Vol. 25, No. 5, 2016.

Stern, P. C. and C. Paul, "Toward a Coherent Theory of Environmentally Significant Behavior", *Journal of Social Issues*, Vol. 56, 2000.

Tallman Irving, Morgner Ramona, "Life-Style Differences Among Urban and Suburban Blue-Collar Families", *Social Forces*, Vol. 48, 1970.

Tanner T., "Significant Life Experiences: A New Research Area in Environmental Education", *The Journal of Environmental Education*, Vol. 11, No. 4, 1980.

Tindall, David B., S. Davies, and Cé Line, "Activism and Conservation Behavior in an Environmental Movement: The Contradictory E ects of Gender", *Society and Natural Resources*, Vol. 16, No. 10, 2003.

Tremblay, Kenneth R., Jr, and R. E. Dunlap, "Rural-Urban Residence and Concern with Environmental Quality: A Replication and Extension",

Rural Sociology, Vol. 43, No. 3, January 1977.

Van Liere, Kent, Dunlap R. E., "The Social Bases of Environmental Concern: A Review of Hypotheses, Explanations and Empirical Evidence", *Public Opinion Quarterly*, Vol. 44, 1980.

Vining, J., and A. Ebreo, "What Makes a Recycler? A Comparison of Recyclers and Nonrecyclers", *Environment & Behavior*, Vol. 22, No. 1, 1990.

Weber, Max, *Economy and Society: An Outline of Interpretive Sociology*, Univ. of California Press, 1978.

Xiaoling Zhang et al., "How to Reduce Household Carbon Emissions: A Review of Experience and Policy Design Consideration", *Energy Policy*, 2017.

Y. Wang, "Social Stratification, Materialism, Post-materialism and Consumption Values: An Empirical Study of a Chinese Sample", *Asia Pacific Journal of Marketing & Logistic*, Vol. 28, No. 4, 2016.

Zablocki B, Kanter R. M., "The Differentiation of Life-Styles", *Annual Review of Sociology*, No. 2, 1976.

Zelezny L., Schultz P. W., "Values as Predictors of Environmental Attitudes", *Journal of Environmental Psyehology*, Vol. 19, No. 3, 2000.

附　表

附表1　　中国城市居民环境关心基本情况（CGSS2003）

NEP 项目	1 = 很不同意，2 = 不太同意，3 = 说不清/不确定，4 = 比较同意，5 = 非常同意				
	1	2	3	4	5
1）目前的人口总量正在接近地球所能承受的极限	1.6	7.5	28.2	34.9	27.8
2）人是最重要的，可以为了满足自己的需要而改变自然环境	13.1	26.8	14.8	26.5	18.8
3）人类对于自然的破坏常常导致灾难性后果	2.6	5.6	10.2	30.3	51.4
4）由于人类的智慧，地球环境状况的改善是完全可能的	1.9	7.5	16.4	40.3	33.9
5）目前人类正在滥用和破坏环境	3.6	8.9	13.2	33.9	40.4
6）只要我们知道如何开发，地球上的资源还是很充足的	7.7	20.9	19.6	28.4	23.4
7）动植物与人类有着一样的生存权	1.2	3.9	11.7	32.1	51.1
8）自然界的自我平衡能力足够强，完全可以应付现代工业社会的冲击	17.3	28.0	32.0	14.8	7.9

附　表

续表

NEP 项目	1 = 很不同意，2 = 不太同意，3 = 说不清/不确定，4 = 比较同意，5 = 非常同意				
	1	2	3	4	5
9）尽管人类有着特殊能力，但是仍然受到自然规律的支配	1.1	5.1	19.3	39.5	35.0
10）所谓人类正在面临"环境危机"，是一种过分夸大的说法	22.0	35.6	22.1	13.8	6.5
11）地球就像宇宙飞船，只有很限的空间和资源	1.7	6.5	26.4	33.1	32.3
12）人类生来就是主人，是要统治自然界的其他部分的	12.1	25.8	23.3	23.8	15.1
13）自然界的平衡是很脆弱的，很容易被打乱	1.7	6.5	25.1	36.9	29.7
14）人类终将知道更多的自然规律，从而有能力控制自然	4.0	12.2	22.4	36.7	24.7
15）如果一切按照目前的样子继续，我们很快将遭受严重的环境灾难	2.2	7.1	18.9	32.8	39.1

附表 2　　中国城市居民环境关心基本情况（CGSS2010）

NEP 项目	1 = 很不同意，2 = 不太同意，3 = 说不清/不确定，4 = 比较同意，5 = 非常同意				
	1	2	3	4	5
1）目前的人口总量正在接近地球所能承受的极限	2.1	10.4	26.0	44.3	17.2
2）人是最重要的，可以为了满足自己的需要而改变自然环境	15.5	34.0	19.8	23.3	7.4

◆◇◆ 中国当代居民绿色生活方式的构建

续表

NEP 项目	1 = 很不同意，2 = 不太同意，3 = 说不清/不确定，4 = 比较同意，5 = 非常同意				
	1	2	3	4	5
3）人类对于自然的破坏常常导致灾难性后果	1.4	4.5	15.2	49.5	29.4
4）由于人类的智慧，地球环境状况的改善是完全可能的	2.3	13.4	24.2	42.6	17.6
5）目前人类正在滥用和破坏环境	2.1	6.4	13.9	51.4	26.2
6）只要我们知道如何开发，地球上的资源还是很充足的	10.1	30.2	21.7	27.4	10.7
7）动植物与人类有着一样的生存权	1.3	4.2	11.9	46.7	35.8
8）自然界的自我平衡能力足够强，完全可以应付现代工业社会的冲击	18.6	34.2	30.8	12.9	3.6
9）尽管人类有着特殊能力，但是仍然受到自然规律的支配	1.6	4.1	18.3	46.0	30.0
10）所谓人类正在面临"环境危机"，是一种过分夸大的说法	16.2	38.5	28.4	13.7	3.1
11）地球就像宇宙飞船，只有很有限的空间和资源	1.8	6.8	24.9	39.4	27.1
12）人类生来就是主人，是要统治自然界的其他部分的	18.7	34.9	24.1	15.4	6.8
13）自然界的平衡是很脆弱的，很容易被打乱	1.8	6.3	23.2	43.3	25.4
14）人类终将知道更多的自然规律，从而有能力控制自然	7.9	20.9	29.9	29.2	12.1
15）如果一切按照目前的样子继续，我们很快将遭受严重的环境灾难	1.8	9.5	24.6	36.8	27.3

附表3　中国城市居民环境知识基本情况（CGSS2003）

	正确	错误	不知道
1）汽车尾气对人体健康不会造成威胁	8.8	84.6	6.4
2）过量使用化肥农药会导致环境破坏	84.3	7.3	8.2
3）含磷洗衣粉的使用不会造成水污染	10.2	59.0	30.7
4）含氟冰箱的氟排放会成为破坏大气臭氧层的因素	55.8	4.8	39.2
5）酸雨的产生与烧煤没有关系	7.4	34.8	57.6
6）物种之间相互依存，一个物种的消失会产生连锁反应	52.8	3.7	43.4
7）空气质量报告中，三级空气质量意味着比一级空气质量好	9.3	31.3	59.3
8）单一品种的树林更容易导致病虫害	49.2	7.0	43.7
9）水体污染报告中，V（5）类水质意味着要比I（1）类水质好	6.3	13.2	80.2
10）大气中二氧化碳成分的增加会成为气候变暖的因素	52.6	4.0	43.2

附表4　中国城乡居民环境知识基本情况（CGSS2010）

	正确	错误	不知道
1）汽车尾气对人体健康不会造成威胁	9.8	86.5	3.7
2）过量使用化肥农药会导致环境破坏	87.9	7.9	4.5
3）含磷洗衣粉的使用不会造成水污染	11.1	69.7	19.3
4）含氟冰箱的氟排放会成为破坏大气臭氧层的因素	62.0	9.1	28.9
5）酸雨的产生与烧煤没有关系	10.8	51.1	38.1
6）物种之间相互依存，一个物种的消失会产生连锁反应	61.8	5.1	33.1
7）空气质量报告中，三级空气质量意味着比一级空气质量好	10.8	32.7	56.5
8）单一品种的树林更容易导致病虫害	48.8	8.7	42.6

续表

	正确	错误	不知道
9）水体污染报告中，V（5）类水质意味着要比 I（1）类水质好	7.7	19.4	73.0
10）大气中二氧化碳成分的增加会成为气候变暖的因素	63.4	4.7	31.9

附表5　中国城市居民环境行为基本情况（CGSS2003）

量表项目	经常	偶尔	从不
1）垃圾分类投放	15.2	21.8	63.1
2）与自己的亲戚朋友讨论环保问题	11.6	56.7	31.7
3）采购日常用品时自己带购物篮或购物袋	22.7	27.5	49.7
4）对塑料包装袋进行重复利用	46.2	24.7	29.1
5）为环境保护捐款	3.2	27.4	69.3
6）主动关注广播、电视和报刊中报道的环境问题和环保信息	31.8	45.2	23.0
7）积极参加政府和单位组织的环保宣传教育活动	10.9	30.1	58.9
8）积极参加民间环保团体举办的环保活动	5.0	18.6	76.4
9）自费养护树林或绿地	5.6	12.1	82.3
10）积极参加要求解决环境问题的投诉、上诉	2.6	14.5	82.8

附表6　中国城乡居民环境行为基本情况（CGSS2010）

量表项目	总是	经常	有时	从不
1. 您经常会特意将玻璃、铝罐、塑料或报纸等进行分类以方便回收吗？	16.41	26.93	32.92	23.74
2. 您经常会特意购买没有施用过化肥和农药的水果和蔬菜吗？	8.90	21.71	37.70	31.69
3. 您经常会特意为了环境保护而减少开车吗？	9.79	17.16	44.50	28.55

续表

量表项目	总是	经常	有时	从不
4. 您经常会特意为了保护环境而减少居家的油、气、电等能源或燃料的消耗量吗?	10.00	23.14	40.13	26.74
5. 您经常会特意为了环境保护而节约用水或对水进行再利用吗?	17.25	31.87	34.04	16.84
6. 您经常会特意为了环境保护而不去购买某些产品吗?	7.40	16.85	41.82	33.93

后　　记

　　环境社会学是笔者硕士阶段选择的研究领域，硕士和博士阶段在环境关心、环境行为等方面也积累了一定的研究成果。随着对环境问题、环境治理研究的不断深入，笔者发现越来越多的资料和数据显示，生活领域的环境污染问题已经愈加严重，甚至超过了生产领域对公众的影响。从国家层面的政策议程来看，党的十八大报告指出，"着力推进绿色发展、循环发展、低碳发展，形成节约资源和保护环境的空间格局、产业结构、生产方式、生活方式，从源头上扭转生态环境恶化趋势，为人民创造良好生产生活环境，为全球生态安全作出贡献"。这里首次点出了"生活方式"在环境保护、绿色发展中的重要意义。十九大报告中更是四次提及"绿色发展"，强调中国要全面推动经济、政治、文化、社会等多方面的可持续发展，绿色发展理念转变了传统的发展模式，为人类的可持续发展创造了良好的环境。习近平总书记曾多次谈到绿色发展与绿色生活方式建设，他指出："绿色生活方式涉及老百姓的衣食住行。要倡导简约适度、绿色低碳的生活方式，反对奢侈浪费和不合理消费。广泛开展节约型机关、绿色家庭、绿色学校、绿色社区创建活动，推广绿色出行，通过生活方式绿色革命，倒逼生产方式绿色转型。"可见，绿色生活方式已经不仅仅是广大科研人员的研究兴趣，它已经成为国家战略层面具有重要意义和实践价值的研究议题。因此，笔者从生活方式领域来研究环境问题，围绕"绿色生活方式"这一主题，尝试描述生活方式的变迁和

后　记

绿色生活方式的形成机制。

　　笔者在书稿的撰写过程中面临许多问题，比如如何对生活方式做出合理地、符合研究目标的定义，如何把环境关心、环境行为等研究积累应用于绿色生活方式研究，如何连接理论探讨与实践路径，等等，幸运的是笔者得到了很多前辈师长及学界同仁的指点和帮助。要特别感谢我的导师洪大用教授，自硕士阶段，笔者即已跟随老师开始了环境社会学的研究，并逐渐明晰了自己的研究方向，老师在环境社会学学科建设、学科发展方面做出的巨大贡献是学界有目共睹的。老师的理论素养与学术积淀是我所敬仰的，能够沿着老师开辟的道路做一点力所能及的研究，实在是"站在了巨人的肩膀上"，既是我的荣幸，也是我将不断努力的方向！笔者还要感谢王雅林教授以及社会学所诸多从事生活方式研究的前辈学人，他们一系列的关于生活方式的研究、带有深刻哲学意涵的观点，对我有重要的启示意义。我还要感谢黑龙江省社科院帮助支持我的历任领导，包括：艾书琴、朱宇、周峰、董伟俊、王爱丽、张磊、黄红等，他们为黑龙江省社科院的发展作出了重要贡献，为我们的科研工作创造了宽松的环境、搭建了有利于个人发展的平台，笔者非常有幸能够在此工作！同时，感谢我的诸多学界同仁、同学、同事和朋友，包括：房莉杰、龚文娟、彭远春、卢春天、范叶超、吴柳芬等，在研究过程中，他们无私地为我提供研究资料、与我讨论研究思路，使研究得以更为顺利地开展。笔者还要特别感谢本书的责任编辑王莎莎，正是她辛勤、细致的工作，才使本书得以呈现！

　　最后，要感谢父母对我的教导。他们身体力行给我上的启蒙课让我受益终生。感谢我的表哥邵文辉先生和表弟安子栋博士，感谢他们的支持并对我的书稿提出的宝贵意见！感谢关柏哲先生和关瑞泽小朋友，陪伴我度过了无数个读书写字的夜晚！

　　2011年笔者正式工作，成为黑龙江省社会科学院社会学研究所的一名研究人员，至今刚好10年，这是步入工作的第一个10年。同时，这10年间笔者也经历了许多人生重要的事件。用一本书来作为这10年的一个"小结"，对笔者来说别具意义。一方面，这是对10年研究工作的一个总结；另一方面，这本书也如同一张考卷，希望可以交到关怀帮助过我的人手中，向我的前辈、师长、家人、朋友做以汇报。

笔者的绿色生活方式研究才刚刚开始，还存在很多不足，对绿色生活方式概念内在逻辑的思考还有待加强，无论是理论深度还是研究的实践价值都有许多值得深究的问题，未来笔者还将沿着这条研究道路继续前进，也期待更多的学者关注、研究绿色生活方式，为创造更美好的生活而努力！

张斐男

2021年6月